U0057482

AQUARIUS

AQUARIUS

AQUARIUS

AQUARIUS

Vision

一些人物，

一些視野，

一些觀點，

與一個全新的遠景！

你實在太累了，不是不會當媽媽

陳彥琪（諮商心理師；前臺北市親子館副館長）◎著

【特別企劃】

媽媽們的血淚困境，彥琪心理師來解答

一 孩子哭聲震天，老公竟能睡到打呼？老公都不幫忙育兒，怎麼辦？

媽媽們可能很常遇到這樣的情形，明明睡在同一間房裡，但遇到孩子夜半哭醒，第一個跳醒的卻永遠都只有自己。

偏偏不論是擠奶，還是親餵這件事，先生也無法代勞，於是只好吞忍這口氣，憤恨地看著先生呼呼大睡，自己繼續認命地哄著孩子。

雖然不想把「為母則強」、「天生母性」這件事情重重地掛在媽媽身上，但的確有越來越多的研究指出，當女性生完孩子後，聽見孩子的哭聲，大腦的反應真的有別於男性，甚至是未生產的女性，也會如此，且有跨文化的一致性。Netflix在今年（二〇二〇）上架了一部紀錄片《零到一歲》（Babies），裡頭指出作為母親，腦中的杏仁核就是比父親還要發達，這代表晚上會緊張的每個小時確認孩子有沒有呼吸、聽見一點聲響就會緊張的跳起檢查嬰兒床的，都是母親。這樣的機制也能確保孩子出生後，能夠因為母親的照顧而生存下來。

這結果似乎很容易讓母親感到不公平，好像我們天生活該杏仁核發達，就得認命照顧孩子？或許事實也非這樣絕對，也有針對男同志家庭所做的研究，發現「擔任照顧者」的角色時，男性的杏仁核活躍程度，其實可以跟生產完的女性不相上下，而異性戀的男性也是如此。透過照顧孩子的時間變長、與孩子的互動時間增加，異性戀爸爸的杏仁核還是有機會變得活躍。

那麼，媽媽們可以如何邀請爸爸加入呢？

1 引發興趣，形成責任感：

媽媽可藉由主動分享孩子的可愛與每天的不同，引發爸爸對孩子也能有自發的好奇與興趣，而不是每次被提醒要「負責」時，都是孩子正在哭鬧、需要管教而充滿負面感受。

2 主動給予任務，引導父親參與：

媽媽若已很習慣「我來還比較快」，也容易造成爸爸覺得「反正我也沒事做」的惡性循環。

透過媽媽明確地交付爸爸簡單、明確的任務，慢慢累積爸爸的成就感與功能感，參與程度也會漸漸提高。此外，父親若能感受到自己與孩子之間，原來也可以擁有有別於母親的連結，會更投入在「只有我可以」的專屬任務分工中，像是大肢體的遊戲、戶外的活動等。

3 給予鼓勵，而非一味指責、要求：

很多媽媽聽到「幫忙」反而會感到生氣，認為育兒本來就是兩人的責任。不過，若想讓沒有經歷過懷胎十月的爸爸趕快跟上我們育兒的腳步，適時地就爸爸的「幫忙」給予鼓勵、肯定，會遠比不斷透過責備、催促，而讓人想逃避來得有效。

二 公婆或媽媽對自己的育兒方式有意見，怎麼辦？

「小孩不要一直抱，會寵成習慣。」「糖果吃一點，又不會怎樣。長高又不差那幾公

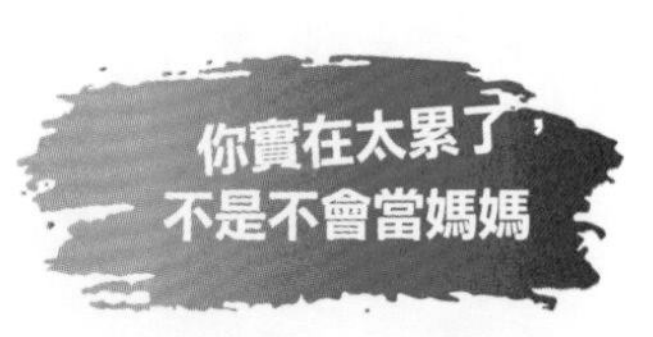

分……」作為媽媽，很習慣收到這樣的回應，不管是來自於公婆，又或是娘家長輩的指教與意見。

好像自己怎麼做都不對，怎麼學都不會有最好的一天。有時搬出專家、醫師當黑臉，結果竟連專家、醫生也被長輩否決掉，甚至最後放大絕：「我以前也是這樣養你的，你還不是長得好好的！」

面對被否定的意見，總是令媽媽們感到十分氣餒，甚至開始自我懷疑：「是不是我真的不會帶孩子」？其實不是的，育兒的年代不同了，育兒的方法跟派別也有了更多、更好的選擇，然而，要不同世代的照顧者彼此互相「說服」，往往勸說不成，反成衝突。也許我們也能從不同的角度去看待，而讓彼此的關係更融洽、自在。

1 溫柔、堅定地收下好意：

教養本來就不是非黑即白的二選題。有時不是我的育兒方式不好，而是長輩也有需要展現自己的能力，或是單純也想表達對孩子的愛。**肯定對方的善意，不見得非得否定對方，**反而較能保持「禮貌而不失尷尬」的距離。

別讓雙方都陷入「較勁」與過度干涉的關係中，也能讓媽媽自己保有育兒決定的自由空間。

2 彈性地看待孩子適應：

一致的教養固然很好，但是有時面對不同照顧者的接觸，也是我們讓孩子學會如何面對不同教養，或是差異對待的好機會。

比起父母向長輩的直接衝撞與反抗，教會孩子如何拒絕、選擇所要，以及區辨什麼對自己是好、是壞，也是孩子成長過程中很重要的社會化能力。

三 自己是職業婦女，白天雖然是婆婆幫忙帶，但對孩子充滿罪惡感。工作和育兒有可能兼顧嗎？

不論是選擇了成為全職媽媽，又或者一腳踩進了職業婦女之路，作為母親，好像都會陷入自我追求與孩子照顧的拉扯中。

許多選擇了職業婦女的媽媽們，在兼顧工作之餘，還得一邊擔心孩子沒有母奶哺餵就抵抗力差，又或者乳頭混淆就不肯讓自己親餵了，而難過自己與孩子的關係越漸疏遠。

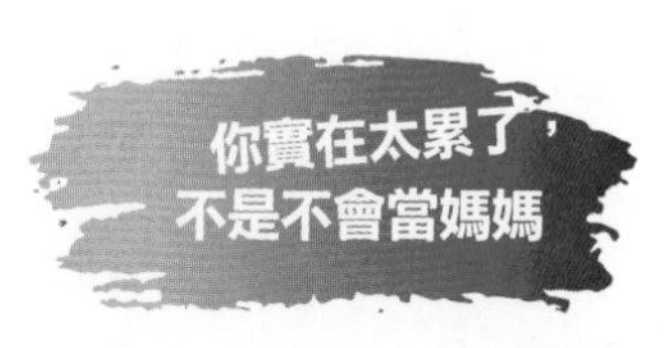

有時候最直接的打擊，就是來自於社會期待中，那種「自私」、「不負責任」與「不稱職」的母親評價，字字都像把利刃，傷了職業媽媽的心，也讓媽媽們抱著罪惡感，在工作與育兒中蠟燭兩頭燒而耗竭燃盡。

即便作為心理師，我能夠彈性選擇工作時段，但有的時候回到家，看見孩子著急地跑過來抱緊自己，說著：「媽媽都在家工作就好了呀！」「媽媽，我賺錢，你就不用出門工作啦！」的撒嬌話語，還有「媽媽，我不在你身邊的時候，你會想我嗎？」的問句，才令人驚覺，原來不需要外界的評價，光是孩子努力地讓自己表現懂事，來理解與接納媽媽去上班這件事，就足以讓媽媽揪心不已。

那麼，當我選擇了工作與育兒並進，該如何消化自己對孩子的歉疚，並能有所平衡兼顧呢？

1 相信相處的品質，遠比時間的長短重要：

只要品質夠好的相處，孩子仍能與我們有正面依附的關係。

很多媽媽會擔憂作為「假日父母」，會與孩子不親，或是被「無法親餵」給綑綁，擔憂自己與孩子的接觸不足，無法給予足夠安全感。但其實全神貫注地擁抱孩子，給予瓶餵，與孩子的情感連結，必然勝過親餵，卻總滑著手機、與孩子沒有目光接觸的母親；因此，好好把握每次與孩子的相處，孩子仍能從與父母相處的精緻時光中感受到愛，以及無可取代的情感聯繫。

2 重新定義「兼顧」，重點在找到自我價值：

別陷入兩邊都要一百分的迷思，**請記得：工作跟育兒本身，都不是容易的事情，不要用兩邊都得做好來為難自己**。

我是否能從我的選擇中，肯定個人的成就，或是見證了絕對不能錯過的孩子成長？其他的，能願意做到就很不容易了。試著經常鼓勵自己，才是找到平衡的關鍵。

四 孩子一天二十四小時都黏著自己，媽媽沒有喘息空間……

孩子不親自己，讓媽媽傷心，孩子總是黏著自己，則讓媽媽好累心；偏偏孩子有被照顧的需求，也不是成人彼此交往，拉開距離，就能夠給予彼此獨立空間的關係。

許多媽媽會懊惱地抱怨：「我不是不想帶孩子，我也喜歡孩子嚷著要自己抱抱的那些甜

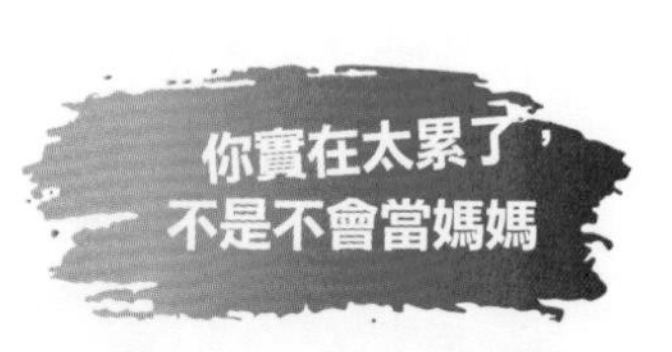

蜜時刻，可是，越帶，孩子越黏。當連上廁所都要跟進門的時候，才讓人驚覺自己與孩子之間真的一點縫隙都沒有了。彷彿連體嬰一般的形影不離，而使人感到負擔越來越重。」

有時更令人沮喪的是，即便爸爸想帶，孩子也不肯，又或是家裡人手明明很多，偶爾想脫手，讓自己喘口氣，大家卻說：「沒辦法呀，孩子只黏你！」

這種感覺多麼教人氣餒呀，好像選擇帶孩子或不帶孩子，最後懲罰到的都是自己。**孩子固然需要媽媽，但是媽媽也好需要「擁有自己」**。

我們可以怎麼做，在看照孩子之餘，自己也能好好喘口氣？

1 把握時間，化整為零：

有了孩子之後的時間就變得瑣碎，此時，應該要重新調整過去習慣的時間運用。我們已無法用半天、整天來規劃了，甚至可能得用每兩個小時來做劃分。孩子餓得快，睡得也不深，那麼，每次的打掃清潔就先切割成小的區域來做，又或是自己的工作項目中，先挑可以片段進行的來處理。

休息時間亦然，在十五到二十分鐘的時間中泡杯茶、看個文，讓自己不那麼緊迫，也能展延媽媽整天下來做事與帶孩子的耐力。

2 放下過高的育兒目標：

尤其是新手爸媽，對於如何教養孩子往往會抱持著很高的期許——絕對的清潔，按部就班的飲食，以及規律的作息訓練等。但若無人可幫忙分攤帶孩子，還得堅持這些準則，就很容易把人給累壞。

偶爾放寬一下標準吧，碗盤沒洗也沒關係；小孩不肯吃菜，就下一餐再努力看看；明明累壞了，就別堅持洗米、切菜，有時配點外食，也無妨。**媽媽心情好，才能把珍貴的時間，花在有品質的親子關係上。**

3 放手讓孩子自己忙：

當孩子大一些了，就可以試著用一點偷吃步的方式，爭取自己的時間。常見爸爸們愛玩的「誰先睡著」，就是很經典的例子。

我們也可以出個任務給孩子做，想辦法讓孩子很忙，有時還能幫助我們參與工作，甚至分擔家務。雖然品質不見得那麼好，但孩子可以學習，媽媽自己也能喘口氣。

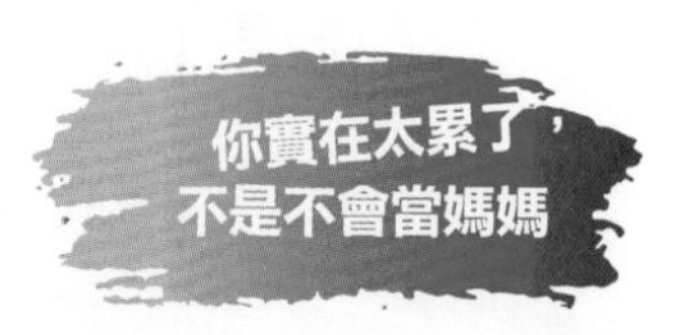

五 被小孩搞到沒耐心，很想打小孩，但孩子的爸卻裝沒事……

有的時候，困擾媽媽的不只是教養不同調，而是「只剩我在教」，因此無論孩子到底有多調皮、是不是真的做錯事、情節有多重大，都很容易讓媽媽的神經斷線，甚至擔憂自己會不會失控管教。

教養的原則通常都很簡單，我們心裡頭很清楚，實際上卻很難做到。常見原因是責任都被扔到媽媽身上，又或是看似有人分攤，卻像多頭馬車，大家各不同調，結果個個都在扯後腿。

爸爸作為無可卸責的另一半，自然要是媽媽幫手的第一首選，因此，如何促發伴侶的責任覺察，一同扛起管教的任務，甚至分攤育兒辛勞，便成了很重要的關鍵：

1 先把自己的情緒照顧好：

當一個人在情緒上頭時，是很難做好事情的，不論是教養孩子，還是與伴侶溝通，因此如果發現自己負面情緒滿點，就要爆炸時，請記得先把自己照顧好，找回穩定的步調，才是首要的。

其次，**被孩子惹毛的時候，多給自己留個一分鐘，深呼吸或是上個廁所吐口氣，再回來處理**，反正孩子也不會突然就醒悟、學乖，那麼至少要讓自己別在燃點上爆發、失控，親子之間兩敗俱傷，很可能還成為伴侶之間衝突的導火線。

比起氣急敗壞的指責，能夠溫和、堅定地表達我們的需求時，對方也比較能夠看見我們的需要與伸出援手。反之，則可能躲得遠遠的，孩子怕我們，先生也逃之夭夭。

2 給予爸爸可一起加入的協同任務：

媽媽越是習慣把責任扛到自己身上，爸爸就越沒事可以做，但是太快把事情全都丟給先生做，先生也很容易裝死，就矇混帶過。因此，不妨給予爸爸得一起參與的任務。

孩子如果一直盧，不是丟個手機、看卡通就好了，而是把孩子帶出門，教會孩子跳繩或是騎車，甚至是幫忙買個晚餐需要的青菜。透過完成，也能獲得意義感的任務，把爸爸也拉進孩子的教養幫手群中。

3 適時地放生：

我知道，被孩子搞到沒有耐心，甚至想打小孩的時候，往往都是媽媽試到沒法可試的時

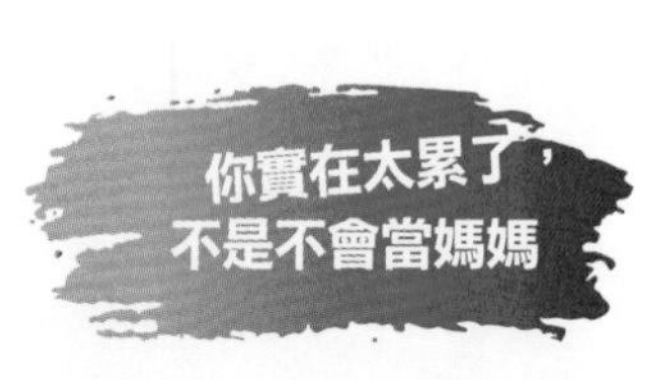

候，那麼，不如讓自己接受適時地放生，也是一條出路。孩子固然要教，但前提是媽媽得先要自己生存下來呀！

有時，放下我們所認為的正確管教，反而得以舒緩自己和孩子之間的硬碰硬，同時也給予先生機會，用自己的方式接手處理。

透過看見不同的方法，在孩子身上發酵、改變，也許亦能找到問題解決之道。爸爸不見得是不想／不會帶孩子，只是可能並非媽媽所期待的方式，但可以為媽媽換來呼吸的空間，那麼就讓自己放手試試看吧！

【推薦序】

當媽媽不需要完美，抓重點就夠好了

賴奕菁（精神科醫師；《好女人受的傷最重》作者）

婚後的兩人世界，還不能斷定，通常要等到孩子出生之後，才能揭曉配偶到底是「神隊友」，還是「豬隊友」。亦或是綜合兩者之上的——「神豬隊友」。

不論新手父母先前做了多少準備，寶寶的出生會立刻打破原本的平衡。原本兩個成年人都不見得能完美協調的婚姻生活，再橫插一個事事需人照料的小東西，繁重的身心壓力便容易引爆新仇舊恨，放大了先前忍耐的衝突。通常戰火會延燒在兩個層面，首先是社會對「性別角色」的差異期待。這種不公平感，莫須有的原罪，讓人相當委屈。

猶記得我家老大剛出生時，我老公展現了相當的誠意，企圖分擔，秉持著「做中學」，他

你實在太累了，
不是不會當媽媽

不懂的就問我。但即使他的態度再好，問到後來還是讓我崩潰，吼著問他說：「我跟你同一天當爸媽耶！為什麼我就該比你更知道?!」

他解釋說：「因為你是媽媽啊！當媽媽的本來就比較懂。」

像這樣的反應就是社會期待的產物。我會多知道一些，只是因為在懷孕期就主動吸取育兒知識，並不是身為女性而腦中內建的。做爸爸的，知道的比較少，也只是因為男人多半是拖到手抱嬰兒，才開始想。諸如此類「爸爸該怎樣，媽媽該怎樣」的成見不勝枚舉，如不注意處理，會讓人無法像以往那樣信任伴侶。

再來，夫妻還會面對各自「原生家庭的教養」差異。基本上，小孩只要不被弄死，時間久了就會長大，沒啥標準教養法。何況都長到能結婚、生子，更證明自家的方法可行。所以在養育下一代的時候，誰都會先參考自己的成長經驗。雙方來自不同的家庭，兩種不同的教養版本，對孩子就只能拿出一套，那該用誰的？這一點還牽涉到兩個家族，如果雙方無法協調良好，衝突就無所不在了。

雖說千金難買早知道，但一本書才幾百塊，就能讓人獲取作者的過來人經驗與智慧建議。當拿到這本書的原稿時，我只嘆相見恨晚。當年如果就有此書可以參考，或許我的斑斑血淚育兒路可以走得平順一些。那時醫院同事年齡相近，過半都剛升格為人父母。閒談間互相開玩笑，大家都寧可下班後繼續值班，也不想選回家顧小孩。可見，帶小孩遠比工作還累啊！

聽到有人說「在家帶小孩很閒」的言談時，我內心都在翻白眼。當媽媽帶小孩是重度勞動，好嗎？而且，身體上雖累，心理上更累。我們大腦前額葉主管理智，但研究顯示，前額葉的工作量是有限的，意志力無法無限擴張。如果太多煩事、挫折接踵而來，消耗掉太多的心力，人就難以維持耐心，做正確的判斷，甚至會崩潰、失控。這就是帶小孩的寫照啊，尤其遇到好動或過度敏感的孩子，反覆的收拾、睡眠缺乏，魔音穿腦、無時無刻保持警戒……誰可能優雅又有耐心？所以在指責暴走媽媽之前，或許得先想想她是否已經過勞了。

有些人會舉某些好媽媽為例，認為只要有心，人人都可以。我只能說，那些頂多是自我剝削的過勞代表罷了。我自己的經驗是，千萬別高估自己，硬是去承受太多苦難。磨難過多會讓人心力交瘁，喪失了柔軟與體諒的能力，自我保護下的心硬，會讓人變成連自己都討厭的樣子。

所以，建議將會成為，或已經是媽媽的各位姊妹，好好看這本書，思考如何面對與分析問題，分散壓力。必要時求援，甚至是花錢找助手，別讓自己太累了。「好媽媽」只要及格就好，並不需要完美。我問過女兒，她說自己不在乎媽媽處理家務的表現，她需要的只是，在難過的時候，我能陪在她身邊。

即使當媽媽，抓重點就好了。能抓到重點，就夠好了。

【自序】

作為一個媽媽，有時就是負能量好多呀！

看著小房間內堆疊著寶寶的紗布衣、口水巾、奶瓶與那該死的集乳器，望向身旁沉睡的先生，儘管開著小夜燈，配著孩子的響亮哭聲，他也不會醒來；相反地，這尊一百八十多公分長的身軀，還會直覺地向牆角蜷縮著身體。盯著他夾著棉被，呼呼大睡的樣子，我深呼吸一口氣，認命地爬起身，獨自去抱起孩子餵奶。心裡頭想著，怎麼母親當著當著，竟是這般慘淡的樣貌。

那是第一個孩子出生的時候，有好一陣子，我都處在這樣怨懟與委屈的樣貌裡頭。所有的工作安排、生活作息、休閒娛樂全都受困於孩子需要照顧，而不能跑太遠。三到四個小時因為得親餵，或是要找地方集奶，也不能讓時間拖延太長。

孩子剛出生的頭兩個月，我最常待的地方，是嬰兒床的旁邊，好不容易餵完奶，又得拍嗝，再一邊忙著應付孩子拉屎，並洗屁股。

結束後，看著哇哇大哭的寶寶，連額頭上的汗都來不及擦，又拚命希望孩子可以順利地被哄睡回去——現在可是半夜三點呀！我整天窩在這間小房間裡，但好好地睡上一覺的生活，卻離我很遠很遠。

於是累積在心底的不平與委屈越來越多，覺得自己被孩子拖累了，連工作都感到困頓與停滯，做什麼都很厭世，只要孩子一有狀況、變得難帶，跟先生與家人的衝突就越是激烈；「只有你能餵奶呀，我又沒辦法。」「媽媽本來就要陪著孩子。」「你做母親的，要教呀。」之類的話語讓人無所適從——又或者，讓一個做母親的無力反駁——很多梗在喉頭的話，知道衝動地說出來回嘴，也無法解決問題，還可能會讓問題越變越糟（事實上，我也有不少莽撞發火與情緒化吵架的經驗，幾乎都是挫折的兩敗俱傷收場呀！）。

漸漸地，每當自己無處宣洩，那些得自己一口嚥下，事實上心裡卻不甘願的情緒，竟推使了自己提起筆，為我的感受、覺察與改變，一字一句留下痕跡。

不知不覺中，書寫成為了自己的出口。越是不舒服的時候，透過這樣的方式，反而讓我腦

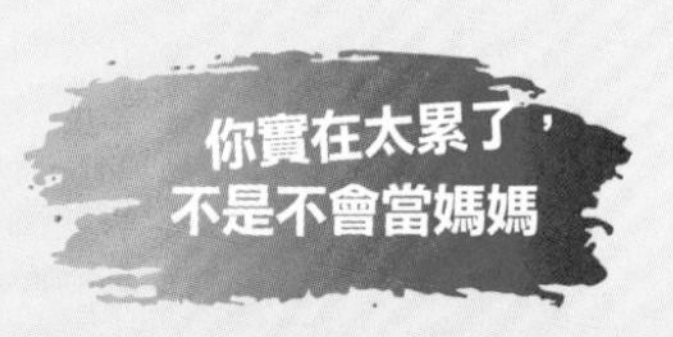

袋裡頭一直轉的東西，得以被消化，而不只是留在心上，成為耗損心力的指責與抱怨而已；透過那些被看見的按讚符號以及留言回饋，我才深刻地感受到「原來大家都這樣呀」，而深深地被撫慰、被接納。

從這樣不斷堆疊的述說經驗當中，我發現原以為自己是個急躁、老想著一次做兩件事的人，事實上，卻是個反應很慢、無法馬上給出回應的母親。

看著孩子在床上餓到哇哇大哭，我沒能立即地撲到床前，一把抱起孩子，並攬到胸前哺餵；相反地，我很容易不知所措地愣在原地，甚至驚慌地感到一陣腸胃絞痛。

總是著急地希望有人能在我的旁邊，幫我抱起孩子也好，或只是出聲提醒我：「孩子是餓了吧？」「尿布要看看嗎？」都能讓我感受到自己還有喘口氣的餘裕，並且有人陪伴著，而得以安心地前進下一步。

一開始，先生無法理解，看著我猶如被按下放慢倍速鍵的舉動，甚至會急切地怪罪與責問：「你到底在幹嘛？小孩都在哭了！」

沒有人生來就是個幹練的父母，我也還在摸索如何跟這個新生兒相處，並且誠惶誠恐地面對自己角色的轉變。這些突如其來的責任、重擔壓在身上，而我仍想兼顧自己的生活品質、職業生涯與個人成就，於是這些無能、不勝任的感受，讓我感到憂鬱、挫敗。我氣大家忽略我，無視我的犧牲與需求，並感到不公平。

後來我才發現，作為一個媽媽，好多時候，我們都不自覺地把所有人的需求擺到自己前面。從小的傳統教育如此，眼前的嬰兒哭鬧聲所引發的焦慮，亦然，一切都讓母親感到焦慮、急迫與混亂，那是因為我無法先把自己安頓好，自然不能穩定地陪孩子，一起度過亂的時刻。我不能照顧自己，怎麼會有心力照顧孩子，甚至跟伴侶或其他人好好表達我的需求，並尋求協助呢？

因此，「靜下心來」變成我對自己的提醒。雖然惱人的事情不會減少，我還是會直覺地感到煩躁與埋怨，但我開始有力氣去反芻自己的思緒。

點開手機的備忘錄，那些原本為了寫作而草草記下自己靈光一現的瞬間，摻雜著許多我與伴侶的相處，我和孩子的互動。翻閱、回顧的時候，那些令人會心一笑的片段，才點點滴滴地湧進心裡，而不是只有一開始滿腹滿腔的抱怨與負能量而已。

我翻閱著孩子的驚喜回應與出其不意的話語：「媽媽，你愛我嗎？那你不要一直罵我，那不是愛小孩的行為耶！」然後大吃一驚，哎呀！明明就想好好愛著你的，怎麼煩著、惱著，就把情緒都宣洩在無辜的孩子身上了呢？

從反覆的文字整理中，我重新梳理自己的感受，也好好地關照自己的情緒。其中最大的收獲是，當我跟我的伴侶越來越少浪費力氣在彼此爭執與計較公平時，孩子也才能夠被我們溫和而堅定地接住。

「你不是心理師，還寫文章跟人家說怎麼帶小孩嗎？小孩要教呀。你不教，他以後去幼稚園，怎麼辦呢？」從來也沒點進我的文章閱讀的人們，還是會很習慣地用帶著刻板印象的眼光，隨意地對我說，作為母親，「我應該」要怎麼做，才是對的。

噢，我不想再告訴大家，小孩就是要怎麼教才正確。面對這些置身事外，有時就像風涼話的意見與言論，不要有負能量，都好難。

我真正想告訴每位母親的，是照顧自己，也是一種心靈的SPA，無需因為想把自己的排序往前推移，而感到罪惡。

我只是不願當疲勞駕駛，讓跟我同車的孩子與家人們都暈車，還可能發生意外；相反地，我嘗試做一個快樂嚮導，帶領我愛的人們自在地遊遍各地。我們都足夠努力了，別再拿他人的標準，評斷自己是個不好的媽媽呀！

目錄

輯二　如何讓另一半從豬隊友變成神隊友？

輯三　母職壓力與來自原生家庭的糾葛

目錄

輯四　疲憊媽媽如何自我修復？

輯一　那些斑斑育兒血淚

「都是你亂吃加工食品，孩子才會過敏……」——媽媽的原罪

當媽媽面臨他人的比較與評價時，請為自己、為孩子，劃下那道心理的情緒界限。

「我今天跟朋友爬山，他們說現在食品加工的太多，你就是懷孕的時候吃太多，小孩才會這麼容易過敏。」

咦？有事嗎？聽到這番話的我，心裡忍不住要對我媽翻白眼。

連醫生都無法斷言孩子過敏的原因，究竟是先天遺傳，還是後天飲食了，怎麼你們一個

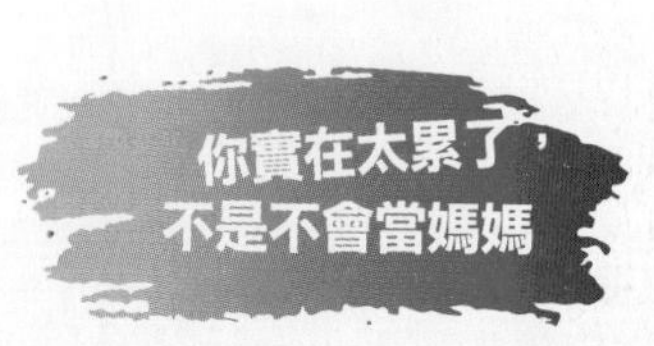

比一個還瞭解。

我的母親老是如此。她們一群婆婆媽媽聚在一起，時不時的在我面前拋出一兩句惹得我神經緊繃的話，然後拍拍屁股跑掉。

「小孩氣管不好，一定都是你喝冰水的關係……」

我想起剛剖腹生完，住在醫院的第二天，隔壁住進了一個年輕的產婦，因為是自然產，馬上就能夠下床到處走動。她抱著孩子，與丈夫兩人沉浸在初為父母的喜悅中，而我只能拖著疼痛的身軀，蹣跚地走去嬰兒加護病房，定時的餵孩子奶。對照他們母嬰同室的手忙腳亂，我的心裡有許多說不出的複雜滋味。

然而，到了隔天，當我又拖著步伐回到病房時，房內卻變得好安靜。沒有孩子咿咿呀呀的叫聲，連大人的交談聲都沒有，看來是出去走走散心了。

但先生卻壓低了聲音，要我這幾天都記得輕聲細語。

先生說：「隔壁的寶寶好像不知道為什麼氣喘，還是發生了什麼事。總之，寶寶被推回加護病房觀察了。但重點也不是這個，是對方長輩一進門就一直叨唸那個媽媽：『就說要你不要一直喝冰水。現在小孩會氣管不好，一定都是你喝冰水的關係。』媽媽已經很難過了，聽到這些，只能一直哭。」

才剛成為孕婦，就被責怪

這件事情對剛生完的我來說，也是一件好敏感的事。看著隔壁空著床，卻拉起來的簾子，即便我們沒碰過幾次面，甚至連對方的臉都記不太起來，但是瞬間升起的同理心，讓我彷彿也陷落在才剛成為媽媽，就急著被指責的難受心情裡。

其實孩子還沒出生的時候，挺著大肚子的我，就已經為了能不能熱敷、用電子秤、喝手搖飲料，這種芝麻綠豆點大的小事，而被責怪「對胎兒不好」、「沒有當媽媽的自覺」所苦。

有的時候，左耳進，右耳出，也就罷了。偏偏自己還放在心上，之後又不甘心的上網瞭解，因此，不僅看到一堆無法查證的言論，還順帶看進更多「懷孕禁忌」的文章，讓自己更加恐慌與無助，真的令人好感慨：有了孩子之後，這種看似「好心的建言」，真的比算

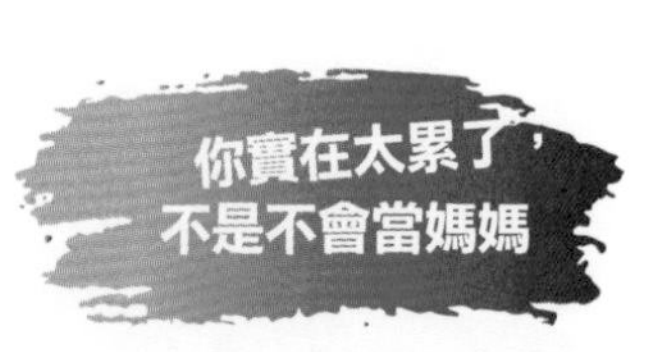

命還恐怖。

算命的還會要你掏出幾把香油錢，消災解厄就沒事了，但是這類都是「你亂吃加工食品，孩子才會過敏」的媽媽「原罪」，我們既不能確定是否媽媽就是肇因，也沒有辦法回到過去做改變，是要怎麼樣消解？

我突然很羨慕那種可以把閒言閒語都當耳邊風的人，偏偏長輩是自己家的，又是關乎孩子身體不好的咎責，我就是會狠狠地放在心上，還會一直想要與之爭論或辯駁，弄得自己精疲力盡，一副難以相處的樣子，然後孩子又會多出一些雞毛蒜皮的事，讓人有機會去逮著媽媽的小辮子，再次被大做文章。

為自己、為孩子，劃下情緒界限

但是，孩子終究是我自己的呀，**那些看起來好像很關心的言語，不過就是想表達「我也是有想法的」，而劃下到此一遊的痕跡**，隨後拍拍屁股就走人。

甚至也不知道自己留下的痕跡，媽媽需要花多少時間去磨平，而我越是想去抵抗、爭論，就好像是在這痕跡上加深烙印，讓自己反而更陷入被劃傷的痛苦中。不如保留自己的力氣，在勉強撐起笑容，感謝對方關心之餘，悄悄地把孩子這塊大石移走，不再讓人有機會劃下屬於他的無心刻印。

當媽媽的，真的要不時為自己、為孩子，劃下那道心理的情緒界限。如果我開始能夠不將這些風涼話，作為對自己的批評與指責，那麼，我就能為孩子保留更多的心力，專心地呵護他長大就好。

最傷媽媽心的是，貶損與否定的比較

媽媽要試著自己堅強已經很不容易了，有時還要接收來自他人的比較與評價。

「人家的媽媽都九點就可以讓孩子上床睡覺……」

「你怎麼都不跟媽媽玩？跟阿嬤比較好玩，對不對？」

「是不是媽媽在家都沒讓你吃飽，這裡的飯，比較好吃吼？」

讓媽媽一秒跳腳的話很多，但往往最容易踩到地雷，炸得媽媽還要花很多時間修復、療傷的，就是這種帶著貶損與否定的比較。

要說別人家的孩子養得不錯，也就算了，好像非得踩著自己，才能彰顯他人的好，而讓

許多媽媽一下子又被推進無底洞。無論怎麼努力，好像只要再拿其他的第一名出來比較，就永遠沒有翻身的一天。

作為媽媽這個身分被批評得敏感、跳腳，似乎更勝過於直接對自己的人身攻擊。以我自己為例，我發現我反而可以接受自己被說動作慢、情緒化，但怎麼可以意有所指的說我是不夠格的媽媽、不稱職的母親。

我疲憊地與孩子一起大哭

我還記得有一次，半夜兩點左右，孩子輾轉難眠。不知是睡前奶喝多了脹氣，又或者是天氣炎熱，風扇直吹，讓孩子有點小感冒。總之，一陣猛咳後，孩子居然吐了滿床都是。

我手忙腳亂地抓著哭鬧的孩子洗完澡、吹完頭髮，居然也已凌晨三點多了。而當要重新哄孩子睡覺的時候，自己連日來半夜陪伴過敏兒抓癢擦藥、濕毛巾冰敷的疲憊以及心累，全都一湧而上。抽抽噎噎的，我竟就跟著孩子一塊在床邊哇哇大哭。

忙著幫一家子清理床墊、手洗被單的先生見狀，居然沒好氣地丟下一句：「也太誇張了吧，這樣就哭？那些先生在外地工作，得自己一打一的媽媽，怎麼辦？」

當下的我，一聽到這些話，立刻抓狂。

在當下的情緒上，我們兩人互相指著對方鼻子罵了些什麼，我已經無從回憶起。幸好當時有一個哇哇大哭的孩子，把我們兩人拉回現實。

我們一個人回頭安撫孩子，另一個人則認命地去把該洗、該晒的東西處理完。

透過這樣的「停火」機制，在孩子昏昏沉沉睡過去後，我的腦袋反而清楚了起來。我細細地思索剛剛到底發生了什麼事，為什麼會讓自己的理智線瞬間斷裂，還讓爆炸的情緒到處噴發。

我可以理解我先生半夜也被驚醒，忙著「解決問題」，就讓他精疲力盡了，而當他看著我的情緒潰堤，他感到不解，但他更希望我作為一個大人，就要顧好自己、別扯後腿。當下我們兩人的身心狀態都很脆弱，自然撞擊不出什麼正面能量的火花。

媽媽是一種無時無刻都會被評價的角色與工作?!

「這樣就哭，那些自己帶小孩的媽媽，怎麼辦？」這句話一出來，重重敲擊的，就不只是我自己的情緒問題了，而是**「你這樣怎麼當媽媽」**、**「別的媽媽更苦，也都自己撐過**

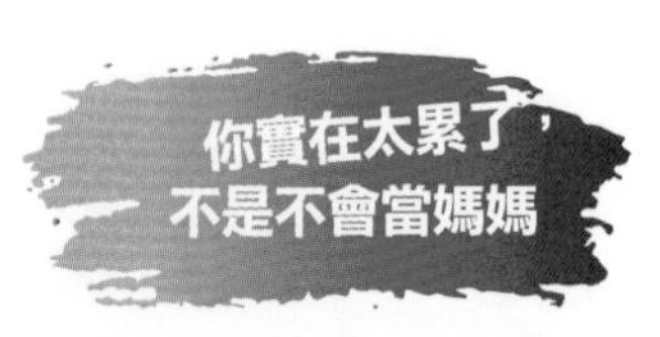

來」的責備與否定。

為母一定就要強嗎？那些「打一的媽媽怎麼辦？當然沒有怎麼辦呀，大家都會難過、憤怒、失望與沮喪。難道我在最親密的伴侶前，還要假裝堅強。我當然也會希望可以被體諒好幾晚難以入眠的辛苦，不然還能怎麼樣呢？

你看，媽媽就是一種無時無刻都會被評價的角色與工作呀，難怪網路上還有廣告用揶揄的面試方式，告訴社會大眾，這份二十四小時高道德要求、高工作標準，卻沒有薪水的工作，才沒有人要做。

提醒自己，我們無須從比較的優劣中來認定自己

面對他人有意、無意的比較，我建議，最好的方式是提醒自己，我們無須從比較的優劣中來認定自己，甚至感到自我挫敗與自我懷疑。

只有我最清楚我與孩子的關係有多踏實、緊密，因此**我會告訴自己：「這些比較，也許是對方用來建立自己的價值的，但我的好與不好，不需為人所道。它已真切存在我與孩子心中。」**

而在伴侶關係中，明明冷靜下來，可以看到在育兒的挫折中，兩人都渴望被體諒、被看見自己的努力，也都渴望受傷的心情也能被照顧，並一起攜手解決問題，但是**強迫對方趕快站起來的方式，我們卻總習慣用「比較」的方式來攻擊、指責對方。**

其實，比起用力地帶刺索討，找到關係中的「停火機制」，來讓自己沉澱、冷靜，反而格外重要。

當我越穩定時，自我的價值也越不易因關係的脆弱而動搖，彼此才有機會跨越育兒的困難，為對方的付出給出肯定，也一同為了孩子繼續奮鬥、掙扎前進。

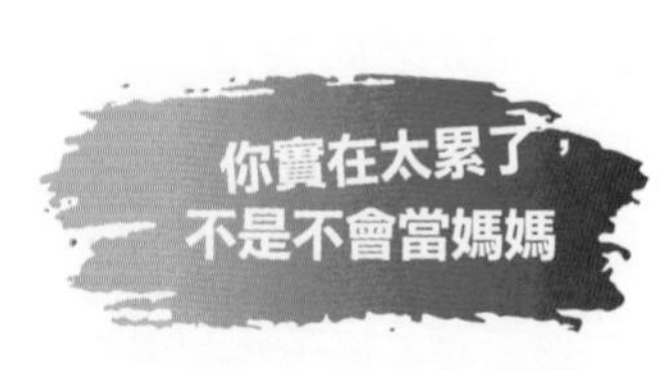

你只是太累，而不是個壞媽媽

給媽媽們的建議：一、放下完美主義；二、善用身邊的支援與支持；三、離開負能量群組；四、每天看到的新事物都是小確幸。

「我數到三，你現在就給我下來！」盯著在沙發上跳來跳去的女兒，我咬牙切齒地對她吼。

「一、二……你快一點，不然我要數到三，你就沒機會囉！」深怕孩子不買單，我一邊數，還一邊擔心自己沒有台階下而拖延時間，腦袋裡更是出現「天哪，千萬別讓鄰居知道我還是個心理師」的糾結小劇場。

好笑的是，不知道從女兒幾歲開始，我根本也不喊她的小名了。每次被惹毛，我都是連名帶姓的三個字，在孩子的身後大叫，喊得小鬼更是調皮的在前頭跑給我追。

第二胎在肚子裡聽到的，都是媽媽罵老大的聲音

在第二胎懷孕中期的某一天，我突然感嘆地抱著肚子，癱在床上。想到第一胎時，我大著肚子在親子館上班，還會母愛噴發的一直對著肚子撫摸與喊話。我自言自語地對肚皮開始聊起我今天在做些什麼，例如，親子館裡，有好多哥哥姊姊在玩耍呀、外頭的青年公園有好多的綠樹、小鳥、陽光與暖風……當時，那樣輕聲細語，那樣溫柔。

那時的我，還翻閱許多國外所謂「最新胎教」的書籍。深信寶寶在肚子裡的時候，母親的對話與情感連結，最能培養與孩子的親密關係。雖然我現在還是這樣相信著，可是也不免嫌棄起自己如今灰頭土臉的狀態。

有時，連想要好好洗個澡，都要壓制一隻有如章魚般胡亂蠕動的小鬼，等輪到自己洗時，只能草草淋浴，還得擔心這傢伙鬼靈精怪的全身光溜溜就想開門跑掉。肚子裡頭的弟

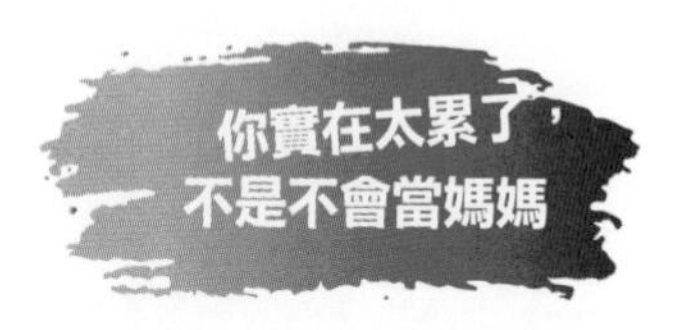

弟聽到的，可不是什麼貝多芬或是寶寶音樂，全都是姊姊被罵的媽媽吼叫聲呢！

疲憊不已的自己

比起剛成為新手爸媽時候的自己，現在的我們，每天彷彿都在緊繃與焦慮中被追趕。當時新生兒帶來的喜悅與幸福，就像是電影的完美結局一樣，讓大家拍了拍手後，就立刻馬上轉身、散場給遺忘。

隨著女兒的年紀增長，她的言行舉止也越來越皮。我的心思光是花在維持秩序，提醒自己深呼吸就不夠用了，哪裡還會想到這胎還要做什麼孕婦瑜伽修身養性、採買新生兒的衣服，以迎接下一個孩子到來。我連盤點女兒剩下的紗布衣跟組裝嬰兒床，都沒什麼力氣。

我開始有一丁點的心虛。好像懷了第二胎，幸福感卻大大下降。一樣遇見關心與期盼的好友，回應他們的，都是我的：「天哪，那些三個小時就得循環一次的餵奶—拍嗝—洗屁股—哄睡惡夢，又要開始折磨我了」的嫌棄、抱怨。

其實，自己不是真的那樣排斥的，畢竟第二胎也是我們想了又想，決定「製造」出來的結晶。然而，比起幻想美妙的家庭生活與親子同樂的喜樂畫面，養育第一胎後的現實體會，作為父母可是記得死牢，並讓我也覺得有點抱歉。覺得自己是不是虧待了孩子？不管老大或是老二，都在我孕期越加疲憊（或是再次迎來的產前憂鬱）的生活中，一邊抱怨，一邊嫌棄，不知不覺成了討厭鬼的模樣。

沒有什麼教養心法，比媽媽放過自己，更滋養、療癒

我常看到網路上許多母親為了每天的焦慮育兒而求助，不論是「是否該把孩子叫醒喝奶」或是「如何訓練孩子睡過夜」，光是看到螢幕上，滿是被媽媽列出的密密麻麻作息表，就令人看得喘不過氣來。真的不焦慮，都難！

網友們除了分享自己的經驗、安撫媽媽放寬心外，**不約而同的建議，都是「媽媽自己要睡飽」。**

是呀，媽媽要睡飽。睡飽，精神就會好。精神好，就有餘裕把更多的事情做完。事情忙完，顧小孩也就順利、簡單。可是，哪有辦法好好睡呢？

對照我自己的孩子，一直到兩歲半，孩子才勉強能夠算是睡過夜。從夜裡兩至三點翻身起來哭泣、討奶，到可以拖到早上五至六點，才開始自己喊著要媽咪去泡奶，都已經是我

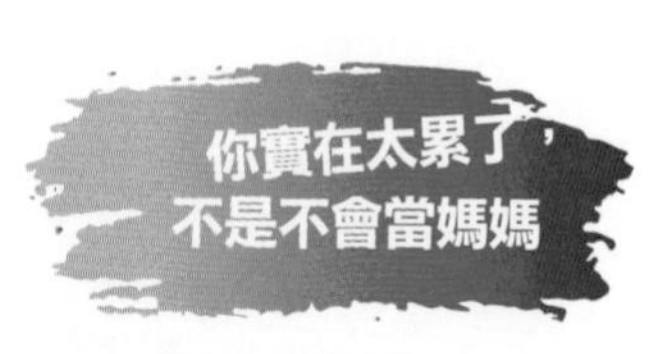

這個陪睡女僕的小確幸。

更遑論出生以來，這個嬌滴滴的千金總要抓著我的頭髮當安撫物，並不時地確認我是否在身邊，外加她天生的過敏性鼻炎與異位性皮膚炎侵擾，小時候抓得全身是傷，哭著無法入睡，而大一點後，鼻炎則讓她整個晚上都鼾聲震耳欲聾，有時還被倒流的鼻涕驚醒。

因此，我的枕邊總是備著小水瓢、乾毛巾與濕毛巾，就為了接住那一口痰，以及幫她擦拭，舒緩汗疹搔癢的部位。

我可是每天晚上都忙著與眼前的困境搏鬥呀，怎麼能夠好好放鬆、睡覺呢？於是白天繼續精神耗弱地面對精力旺盛的孩子。被榨乾的媽媽，只好認命，接受一天又一天的周而復始。

但有時，我也覺得自己真的好累呀，甚至開始懷疑是不是自己本來就沒什麼母愛。我也擔心我們夫妻之間的愛，會不會就這樣隨著生活瑣事的消耗而消失。

我並不想成為這麼厭世的媽媽，但比起緊抓那些教養心法，讓自己更加的緊繃與挫敗，**有的時候，「別再給自己打分數」，反而讓我得以逃出母親的角色，重新活血、再來一次。**

你也常在不知不覺間，把自己逼到盡頭了嗎？請記得，媽媽也需要放過自己。

一、放下完美主義，偶爾降低標準，也是可以的

我們常常忘了，教養的品質除了媽媽的繃緊神經，確保一切都在軌道上面運行外，孩子也會從媽媽的狀態中，吸收那些混亂的情緒長大。

因此放寬對自己、對孩子的標準，孩子也能減少總在忙碌的照表操課，而沒有辦法好好享受跟媽媽相處的慢活時光。睡不著，就學著貪戀一些孩子醒著的時光。飯吃不完，就別勉強了，大人自己都會挑食的，不是嗎？把食物、餐具都收掉，下一餐，孩子可不會餓著自己的。

如果事情真的太多了，可以試著列出優先順序。如果媽媽發現都被孩子的事務填滿了，請務必記得補一兩件以自己為主的代辦事項進去。例如，有意識地幫自己泡杯茶，或是偷吃幾片巧克力，這些都能神奇地幫助媽媽的神經放鬆。

二、團隊作戰，往往比一個人單打獨鬥輕鬆

善用身邊的家人、後援。豬隊友如果不是事事都很雷，至少可以把不用動腦的體力活扔

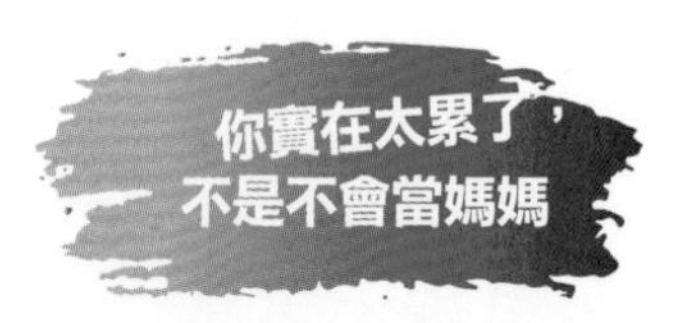

給他。

如果真的自己帶，遠比交給隊友、公婆輕鬆，那麼，**幫自己找幾個共學團體，讓大家陪你一起顧小孩也好。**許多母親在媽媽團體中，獲得的回饋與支持也不少。帶著孩子出門放風，媽媽透氣紓壓，也讓孩子習慣接受旁人的愛與分享。

三、離開負能量群組

網路上有許多媽媽社團，如：北區雞寶團、軍眷偽單親line群……都是為不同背景的媽媽們，提供很多溫暖、支持的社群資源。

然而，有人討拍很重要，但請記得，不要討到後來都是比較、撻伐之聲，還搞得自己感到虧欠又氣餒。

當發現團體的氛圍已處在「這哪有什麼，我更慘」的時候，就是讓自己漸漸減少參與的時候。

媽媽的負能量也會是拖垮育兒生活的致命傷。光是消化自己累積的怨氣就夠忙的了，請多保留一些力氣，**不要浪費在對你的瞭解，只有片面言詞敘述的網友上。**

四、每天看到的新事物都是小確幸

記錄每天在孩子身上看見的小驚喜，除了找回媽媽愛的滋養源，往往那也是我們與身邊的人，建立正向互動的關鍵。

有的隊友雖然無動於衷，但至少你自己分享得開心。如果隊友感興趣，想參與，這正是把他也推進育兒坑裡的好時機。

很多爸爸都是在孩子七坐八爬、開始學走路時，對孩子「有感」而萌生興趣的，而這時候，就是把父子倆推出門去奔跑、玩耍的時機呀！

若是媽媽的眼裡只有孩子，那麼，就會真的只剩下孩子了。透過分享對孩子的驚奇與發現，把其他人也拉進孩子的成長中吧！

放下對於「好母親」的執著與綑綁

比起過去要求全才的年代，現在高中、大學的分科選系，正一步步地教育孩子各有所長、選你所愛，我相信也都有其價值與值得被尊敬。

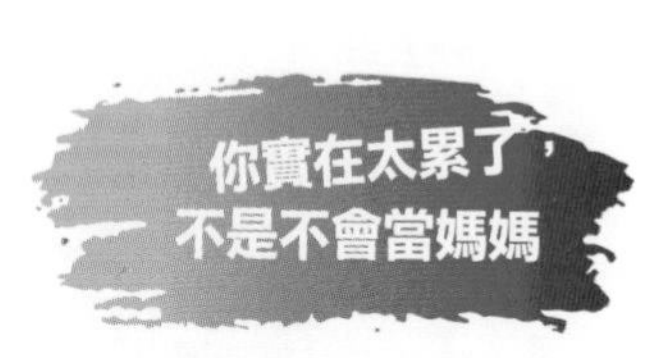

但是「母親」的角色，卻仍期待要求女性要有母愛，兼顧工作，也得持家，為家、為夫、為子付出，咬著牙和血吞，但其實每個人都有自己所長與不擅長的部分。常見許多母親要求自己當個超人媽媽，並期待自己的孩子成為超人小孩。發現做不到後，媽媽自責、懊悔，孩子也不快樂。

我在有了孩子後，發現自己也常常會陷入這樣的泥沼裡，於是，**我不時反問：我能否不執著於媽媽的角色，而也能喜歡這樣的自己？**

我想起我婚前的女性楷模形象，來自於我的小阿姨。小阿姨事業成功，總是把自己打扮得光鮮亮麗，她的子女也都獨立自主。

我生孩子之後，有更多機會與阿姨聊天，才發現她早年都是把孩子託給保母帶，她和先生兩人各自在兩岸三地打拚事業，但我很欣賞她總是豪邁大笑地說：「我就是下班後去接小孩，順便自己也到保母家蹭飯吃嘛。有人幫我煮，不是很好嗎？我們就像一家人呀！」或是面對現在子女也都各自在海外發展：「這樣不是很棒嗎？我也可以自己安排我的旅遊計畫，然後過年我們再一起去個什麼地方度假呀！」

看著阿姨開朗的模樣，好像也突破了某種我對於「和樂家庭」一家人，都要綁在一起，母慈子孝、兄友弟恭的迷思。在我與表妹們的相處閒聊中，也看見他們因為母親不太做飯，所以從小自己樂得摸索廚房大小事，順勢養成了在國外自給自足的生活能力。

比起硬要把自己困在母親的角色裡，卻不斷地抱怨生活，甚至對孩子情緒勒索的媽媽，我覺得我的小阿姨也許不能稱得上是模範母親，但前者對孩子的傷害或是負面影響卻多更多，而我好像也從這樣的孩子眼光中，看見他們對母親某種樣貌的嚮往與追求，那或許就是孩子心中，母親吸引自己的模樣。

能量充足的媽媽，才能用愛滋養孩子

我的孩子最喜歡我長長的頭髮、身上的洋裝有著漂亮的裙襬、總用溫柔的聲音說著一個又一個的故事，還有不論有沒有化妝，都能被她稱讚是「閃閃發亮」的眼睛。原來從孩子眼睛裡映現出的媽媽，比我自己照鏡子時，還要光彩奪目，而那也是我喜歡自己的樣子。即便我捨棄全職母親，兼顧工作，不諳家事，我也沒有愧對於孩子。因為能量充足的媽媽，才能好好地用愛滋養孩子。

我有讓我感到驕傲與欣賞的自己。不論我是什麼模樣，那都沒有關係，重點是孩子對母親欣賞與期盼的光芒。而不是一直汲汲營營於追求所有人都認為你應該要有的「好母親」

的模樣，那才值得被孩子所愛。

在第二胎懷孕後期，每一個工作晚歸的疲憊夜晚，我躺在床上，對我家老大獻上一個吻：「我親你一個愛心！」孩子便馬上急急忙忙說：「那我要親你兩個愛心～」「那媽媽要親你三個！」與此同時，我肚子裡那隻小的，也跟著咕嚕咕嚕地動得厲害，彷彿也感受到姊姊和媽媽噁心的示愛遊戲，想要一同參與。

孩子的愛，就是這麼的單純又無私呀。

媽媽們，請放下過多的擔心、焦慮不安與自責。**我們都已盡力奔跑，不妨中途偶爾慢下腳步，讓自己歇息，好好享受這旅程吧！**

「我也好想滑手機！」——育兒父母之間的佛地魔?!

「滑手機」不是罪，但在出言指責對方前，你能先看到另一半的努力，並給予肯定嗎？試著別再那樣犧牲，也許玩手機、打電動的方式，沒有那樣讓另一半滿意，但它是一種訊息，告訴對方——我的確需要一些自己的時間或空間。

「我整天顧小孩、洗衣服、洗碗盤的，轉頭看到他，一回家就窩在沙發裡看電視。**我那天就爆炸了！**

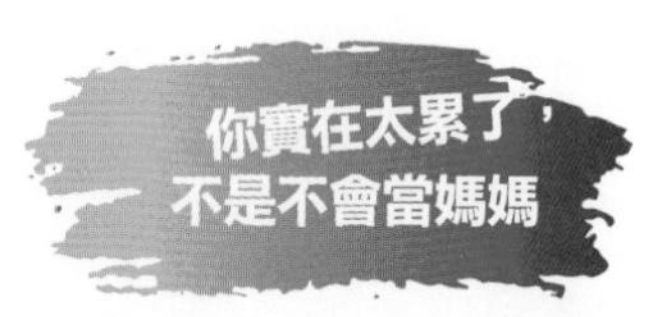

「你知道他回我什麼嗎？他說他整天在外面工作壓力多大、多辛苦，『你只要陪小孩就好了，現在還不是在滑手機』！

「滑手機？我一整天就只想放鬆，滑那十分鐘，還是趁他回家，可以一起顧小孩的時候才滑。那是我唯一的休息時刻，他居然拿那十分鐘跟我說嘴！

「難道我是那種開電視養小孩，在旁偷閒滑手機的媽媽嗎？我只不過也想偷閒一下、喘口氣而已。雖然先生的話認真聽就輸了，偏偏我越想辯駁，心裡頭就越覺得委屈。」

太太眼淚撲簌簌地掉

在我面前傾瀉滿腔怨氣的婉容，眼淚撲簌簌地掉，也讓我想起我自己。

有一天，先生吃飽飯，想回書房工作時，我的孩子就一搖一擺的跟在後頭，尾隨爸爸想進房玩耍，沒想太多的我，就只是跟著孩子進了房門，但卻讓先生火冒三丈的發脾氣：

「你為什麼讓小孩進書房？」

先生粗聲粗氣的音調，讓我也沒好氣地回答：「我不是就跟在後面？難道我沒在顧嗎？」

沒想到先生居然冷回了一句：「可是我剛剛看到你在滑手機。」

這下可好，「滑手機」果然是育兒父母之間的佛地魔。

一說出口，馬上招來一陣腥風血雨。我立刻被挑起了許多不滿情緒：「我才沒有滑手機、讓小孩找爸爸玩有什麼好生氣的、我顧小孩也很辛苦、你想工作難道我不想嗎？難道我連滑手機的放鬆時刻都還要你允許嗎？」

我越是生氣、辯解，就越感受到先生的嗤之以鼻與回話、挑釁。

在指責前，能先看到另一半的努力嗎？

在「滑手機」的衝突中，我努力想舉證自己照顧孩子的辛苦，但卻深深感受到自己人格被否定的憤怒與委屈。

在衝突之下，孩子當然是跟著鬧脾氣，不敢給媽媽抱了。

而當我看著先生頭也不回地扛著肩上的小鬼出門，轉換心情，我也氣撲撲的收拾包包，乾脆也去咖啡廳工作。

我心裡暗虧前一天還是母親節呢，現在這對父女黨倒是兩人外頭過得快活。然而，回過

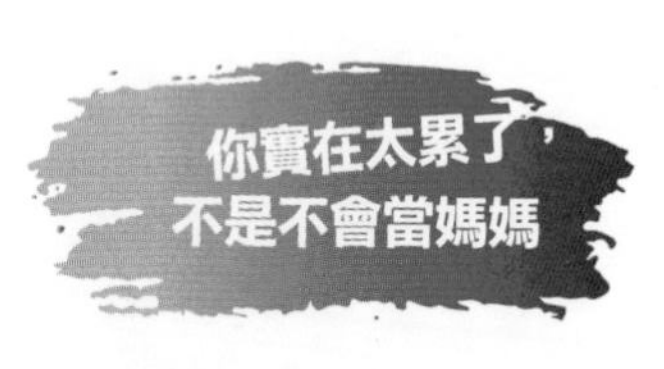

神來，我的手機網頁上，開啟的都是「父親陪伴孩子，孩子會發展更好」系列的網頁與文章。我都還沒準備貼給先生看，豬隊友竟還對我使臉色。

不過，抱怨歸抱怨，眼不見為淨之後的心情，果然還是比較容易平復。冷靜想一想剛剛的情景，先生想說的，應該是希望顧孩子的我，當下不該分神，但是「滑手機」的帽子一扣，我被痛踩的，卻是作為母親的付出被抹煞，還有不得休息的委屈。

如果沒有看見另外一半努力的地方，就出言指責，那可是很傷人的一件事呀！

我們能否容許另一半稍微喘息？那是另一半照顧自己的方式

我不禁換位思考一下（客觀的去看別人的先生，果然還是比較容易的）。會不會好不容易躺在沙發上，疲憊一天，終於得以喘口氣的婉容先生，面對太太氣得跳腳的回嘴，也是自己一整天的烏煙瘴氣，討不到拍，因此，只能用「滑手機」這宗罪來向太太宣洩呢？

兩人都在疲憊到緊繃的狀態時，孩子往往是最容易壓垮駱駝夫妻的最後一根稻草。看見彼此的付出，並給予肯定，對於親密關係固然是相當重要的，但是**在夫妻能夠彼此關照前，更關鍵的是「你能否先照顧好自己」**。

「滑手機」不是罪，只是伴侶間常常很難客觀地去解讀自我照顧與惡意行為的差別，並且老愛用外界的評價，來批判對另一半的認同與肯定。

難怪有些太太會在諮商室中，悄悄告訴我，她會刻意在先生回家前才拖地，因為默默做好，會被視為理所當然、太輕鬆。在先生眼前的勞動，才是真的有在做；又或者也有先生會跟我說，有時難得早下班，他寧可在車上窩著看影集，等到整點才上樓，也不要提早回家，又被太太認為有空而任意使喚。

這些行為，如果是經由另外一半告訴我，往往會被視為惡意欺騙而令人生氣，但看在我的眼裡，這何嘗不是各自為自己找空間喘息的自我照顧方式之一呢？

溫柔的理解另一半，其實早已疲累不已

原來「好想自己一個人」做點什麼，是在生活中，對於壓力再也承接不住的警訊。如果能夠溫柔、理解的看待，並給予喘息的空間，我就能再為自己打點氣，然後回到家庭中，一起努力。

我也好想滑手機呀！明明瀏覽器裡，還有一半的「我的最愛」都與孩子有關，YouTube頻

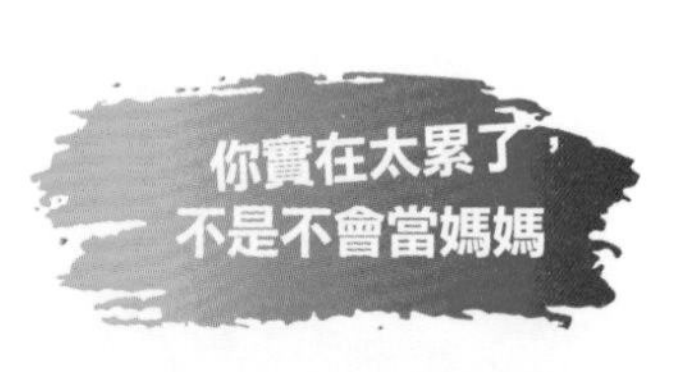

道八成都是卡通台，就連購物網站也都是嬰童用品居多，網路搜尋的歷史紀錄，也充滿著親子餐廳的評價。真的是成也手機，敗也手機。

媽媽本不應該用3C育兒，但是現代的媽媽生活又好需要手機，拿出來用了，就忍不住想查看訊息。錄了孩子可愛的身影，也會想要播著看。被孩子逮個正著時，不放個《粉紅豬小妹》的影片交差了事，好像又無法把手機拿回來，自然沒辦法冠冕堂皇地說出「我才不是在滑手機」。

於是，只好悶著這股怨氣，弄得自己又羞又氣。從《甄嬛傳》到《我們與惡的距離》，不論是時下流行的穿越劇，又或是討論度滿點的電視影集，當大家見面，逢人就問「你看過了沒？」的時候，那種自己也很想追劇，卻因育兒分身乏術，也不好意思在孩子面前用手機的委屈與罪惡感又跑出來。

更多的時候，自己晚上忙完工作、家事外，還得陪孩子哄睡、說故事。放倒孩子後，自己也跟著倒，現在流行什麼，也追不上了。

看著大家的社群動態以及與朋友相聚時的討論，都讓**自己覺得，好像不過生了一個孩子，怎麼就與世隔絕了呢？**

我很愛孩子，但也想好好愛自己。

試著告訴另一半，自己的確需要一些時間或空間

因為職業是心理師的關係，我自認還算是把「自我照顧」放得很前面的母親，但從還是小姐的年紀，出門的行囊，從鞋子要帶兩三雙、帶電棒捲，到後來出遊時，包包都是孩子的衣物。還有以前上網搜尋的，都是自己喜歡的洋裝或是美食餐廳，現在看到孩子可愛的童裝，就忍不住點進去，以及跟朋友有約，看的也是親子據點的評價時，我才驚覺，自己早就不知不覺把內心的第一順位給換掉了。

雖然我是心甘情願的，但是如果夫妻衝突時，又會開始埋怨自己的這些轉變、犧牲沒有被看見。

事實上，並沒有人逼迫我一定要把孩子放在前面，甚至得拋棄自己的程度呀！但**如果我選擇先委屈、虧待自己，那麼，我又怎麼能期待他人會比我重視自己那般，而更重視我呢？**當伴侶心力都放在孩子身上時，我們也會希望對方的目光，一半也能回到自己身上，不是嗎？

很多時候，作為太太的一方，很習慣用「以退為進」的方式，來爭取被另一半看見：「我都已經犧牲這麼多了，你怎麼還不懂得過來抱抱我？」但往往過分壓抑的訊息，沒被

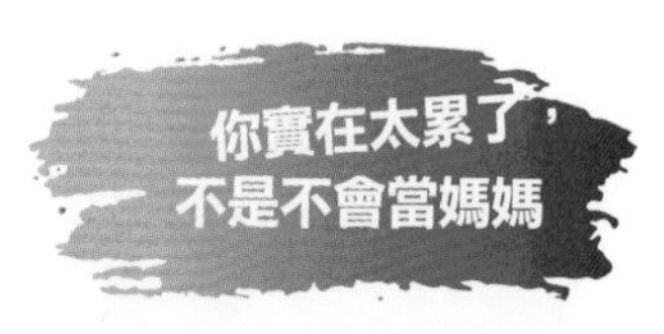

伴侶接著，更有可能是沉沉地砸向對方，這只會讓對方痛得學會下一次要遠遠地閃躲。

試著別再那樣犧牲，也許玩手機、打電動的方式，讓另一半不悅，但它是一種訊息，告訴對方——我的確需要一些自己的時間或空間。

如果總為夫妻間的付出計較而吵架，不如回頭去接受原來「我們都需要照顧自己」這件事吧。慢慢磨合、協調出雙方都能夠接受的方式。當夫妻間能夠輪流放風，而不需要相互隱瞞或掩飾時，就是彼此願意互相照顧的開始。

我是心理師，不是完美媽媽，也不是完美妻子，我回家也想要放鬆。

好好照顧自己，才有心力跟另一半繼續吵吵鬧鬧的，一起經營這個家。

其實需要冷靜區time-out的，是媽媽呀！

找到屬於自己的冷靜區（有時你得需要一些技巧，像是我的「需要上個廁所」，而不讓別人覺得你就撒手不管了），其實正是一種好好照顧自己的方式。當媽媽照顧好自己，才能陪伴孩子走過情緒潰堤。

這已經是我第二次洗澡的時候，門被大開。孩子大哭的站在門口，不想進來。我感受到自己額上的青筋，隱隱約約地跳動，但我還是赤裸裸地把孩子接進來。小怪獸掙扎著，還是想出去玩玩具。

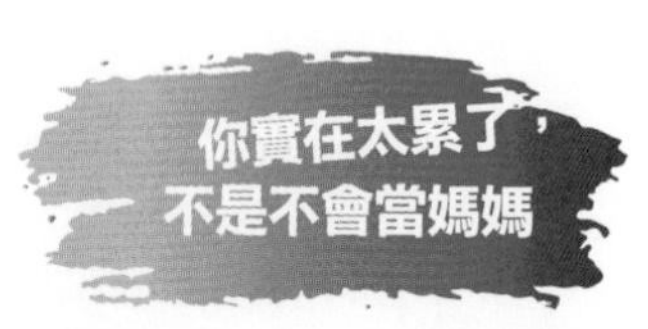

我好聲好氣地在澡盆前哄勸她：「洗好了，就可以去玩了呀！」

不勸還好，一提到「玩」，這隻怪獸馬上傾盡全力向後仰，試圖倒地，表達她的抗議。

這一掙扎，她的身上也都濕答答的，於是當她跑出去時，我聽見門外傳來不知是誰大喊：「全身都濕了，就順便洗呀！」

這一喊，剛好把我壓抑的神經也喊斷了。

當孩子三度被「塞」進浴室裡，卻抵死不從時，氣急敗壞的我抓起浴巾，胡亂拍了拍自己，再一把抓住孩子，扔出浴室外：「她不想洗，就別再開我的門！」

浴室裡的失控與抓狂

時間倒回五分鐘前，當我的浴室門被孩子第一次打開時，我雖然驚慌地遮著身子，但仍能好聲好氣地問她：「怎麼了嗎？」沒想到這傢伙不領情，原本滿心歡喜要找媽媽，卻發現自己也得洗澡的事實，因而開始反抗、哭泣。

隨之而來的第二次，當孩子又被大人「指派」進浴室找媽媽洗澡，就變成了上面那般荒謬的景象。

而當我的孩子被我丟出門外後，她自然又急又怕，於是三度跑進浴室，抱著我的大腿哭。

我渾身肥皂泡泡，頭髮上還滴著水。我的腦袋一片混亂，心裡直喊：「拜託，讓我靜一靜。至少讓我先料理好自己呀！」

事實上，我也沒有只在心裡喊，我的確是放聲大叫。

結果把先生喚進房。先生見狀，第一時間就皺著眉頭：「小孩就是要找你，你幹嘛呢？」

「我—先—穿—衣—服。」我咬牙切齒地看著抱在一起，邊哭邊喊的父女檔。突然冒出一個念頭：其實需要冷靜區time-out的，是媽媽呀！

拜託，讓我一個人安靜一下

Time-out這個字，對於許多愛翻教養書的媽媽們，應該不會感到陌生。它是由美國的心理學家Arthur W. Staats所提出的概念，顧名思義，就像比賽中的暫停機制。當孩子出現不當行為時，讓孩子離開情境，「隔離」到一個冷靜區的空間一段時間，是一種讓不當行為消失

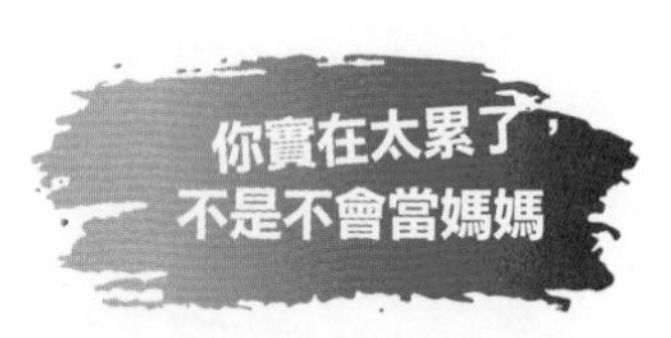

的教養方式，它廣泛被應用在兒童發展中。

但此時的我，面對抓狂的落水兒童，與被我拉進坑裡的落難丈夫，我卻反而好想把自己關在冷靜區——拜託，讓我一個人安靜一下。

Time-out的本意本來就不是懲罰，而是透過隔離的方式，讓孩子的情緒冷靜下來，孩子才有機會理性思考。不過，這聽起來，不是正適合也在暴走中的媽媽嗎？

當孩子堅決不肯刷牙……

前一陣子，我與先生在教養上也遇到一個瓶頸，就是孩子被醫師提醒，再不用牙膏，恐怕小小的乳牙還是會有蛀掉的可能。偏偏孩子的味覺敏感，死都不肯讓牙膏進到嘴裡，只要一稍微沾到牙膏，孩子就開始在地上耍賴，哭著要吐掉。最後弄得一遇到刷牙，孩子就跑得滿場，讓我和先生追。

若是抓著孩子，幫孩子刷，小孩哭得撕心裂肺，先生則氣得拳頭緊握。我每晚都苦惱，到底要先照顧孩子的受傷、不甘，還是要處理先生的怒火。

往往最後我也氣急敗壞，牙刷一丟，我先回房整理我明早要出門工作的東西吧！

● 其實需要冷靜區time-out的，是媽媽呀！

反正睡前這樣一鬧，一時半刻，孩子也不會睡了。不如我們彼此都冷靜一下，晚點再來慢慢哄騙與勸說。

但神奇的事情發生了。在地上打滾的孩子，當她看著爸媽陸續放棄、走掉，她居然自己慢慢地從地上爬起來，拉開我們房間的門，跑到床上，來找我撒嬌：「媽媽，我要看蛀牙王子的故事書。」

我有點吃驚，但也不忘乘勝追擊地問她：「那麼，我們邊看故事書，邊刷牙？」孩子竟也帶著眼角的淚水，點點頭。她拿著我塞給她的牙刷，倒在我腿上。我們一邊唸故事，一邊刷牙。

先生進房看到這個場景，覺得好氣又好笑：「你這傢伙根本吃軟不吃硬嘛！」我則是心裡嘀咕：「才不是吃軟不吃硬呢，是當我們理智斷線時，孩子最敏感了。孩子才不要這個時候踩進地雷區，但當孩子發現媽媽變溫柔了，就願意和好看看了呀！」

小孩就是聽不懂人話啊。其實很多時候父母的成功經驗，也都是一路神農氏嚐百草嘗試出來的。不知道什麼時候，誤踩了孩子什麼奇怪的地雷，然後父母自己也不知道施了什麼神奇的魔法，孩子就又好了。

因此，孩子在地上打滾時，來自周遭其他人（或是路人）指手畫腳的救援經驗，其實都只是機率問題。不過一旦他人成功安撫了孩子，就再次突顯：「你看，你這個做媽媽的就是不行。」而讓媽媽更無法沉住氣。但是，**能幫助孩子穩定下來的最大助因，是媽媽能不能夠回復平靜呀！**

媽媽先平靜下來，孩子也才能平靜下來

我曾遇過在自己經營的親子館裡，有媽媽詢問能否借用無人使用的多功能教室，並滿臉歉意地拖著孩子，進去裡面「開房間」。他們關著燈，不說話，那個媽媽就只是陪著鬧脾氣的孩子哭泣。

我也有聽過從廁所傳來抽抽噎噎的孩子哭聲，但並沒聽見大人氣急敗壞的叫罵。等到半小時後，才看著一臉平靜的母親，牽著紅著眼，卻也已情緒平復的孩子出來。

幾年下來，我其實遇過對著倒在地上，怒斥「這不是肯德基」孩子的父母的次數更多。**若父母氣紅眼得又拉又扯，孩子反而更加反抗**，現場往往有如罵聲與哭聲的較勁大賽。因此，我更加肯定那兩位願意自己先冷靜下來，並陪伴孩子走過情緒潰堤的媽媽。

而我自己呢？面對孩子的崩潰、失控，我可以做些什麼？能不能先救自己的火，讓自己

的情緒降溫？

媽媽找到自己的「冷靜區」，正是一種好好照顧自己的方式

若是在外面，面對自己即將要與孩子展開拉扯，我會抱著孩子，尋找屬於我們倆的冷靜空間，哪怕是捷運站的角落，又或是公園的噴水池旁。

只要我不急著試圖「控制孩子」，孩子都可以比我想像中的還要快速平復下來。而我該做的，是允許自己，面對理智同時斷線的孩子與大人，選擇先把我自己的神經線接起來。

若是在家裡，在確認孩子沒有安全威脅的考量下，我則讓自己練習離開現場。上個廁所（我真的好喜歡自己的浴廁空間，我可以在裡頭邊洗澡邊偷吃巧克力、開著蓮蓬頭聽著自己喜歡的音樂，而不再是英文兒歌；現在，居然還成了我的暫時冷靜區！），照個鏡子。重新打理自己散亂的頭髮，並提醒自己，提起下沉的嘴角，恢復成那個至少看起來比較正常的媽媽，然後再走出門，看看我的孩子打滾到哪裡去了。

如果孩子跑去找阿公、阿嬤討拍拍，那麼，我就好好回到自己的房間，窩在床上，翻著我平常抱怨帶孩子時，無法靜下心來看的書籍。

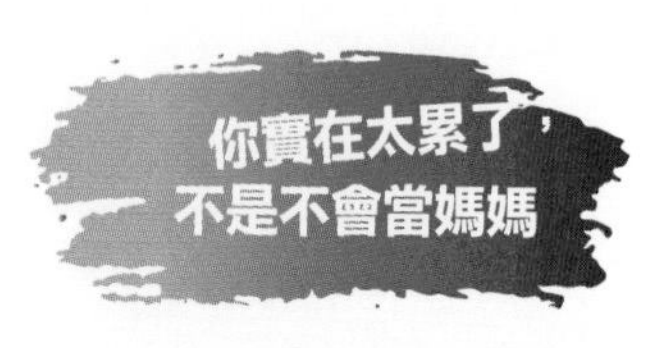

我發現，往往在我走出去的片刻，我的孩子看見媽媽消失後再出現，就會收起眼淚，張開雙臂，朝我跑來。有時還會帶著點慧黠的笑容，跟我說：「我想要聽故事書！」

找到屬於自己的冷靜區（有時你得需要一些技巧，像是我的「需要上個廁所」，而不讓別人覺得你就撒手不管了），其實正是一種好好照顧自己的方式。

真的不行時，那個冷靜區裡得容許有個打滾的小怪獸，跟你一起待著。不再被外界的刺激所干擾（有時候是豬隊友的威脅：「再不安靜，我就把你扔出去。」）。

我記得小時候剛開始學游泳，第一堂課練習閉氣下水後，第二堂課學的不是什麼游泳的姿勢與技巧，而是如何在溺水的時候，先救自己的「水母漂」。

你得學會讓自己先浮起來，才能選擇要用自由式，還是要用仰式、蛙式，游回岸上。

因此，我也要告訴所有的母親，請記得：不要在溺水的當下，還想教孩子游泳，尤其是媽媽也還在水裡掙扎，想要大口呼吸的時候啊。

● 其實需要冷靜區time-out的，是媽媽呀！

小孩有人顧，為什麼媽媽還是充滿罪惡感與不安？

媽媽把自己的排序往前移，或是照顧自己的比例增加，與愛著孩子並不衝突。

「孩子一出生，我就知道我承受不了，所以一出月子中心，就馬上送托嬰，可是我卻沒有比較輕鬆一點的感覺，反而覺得我好壞、小孩好可憐。我有好多罪惡感。」淑玲鼓起勇氣，首先發難。

「我兩個月產假結束就決定要回去上班，以為就此解脫了，但工作遲遲沒上軌道，回家

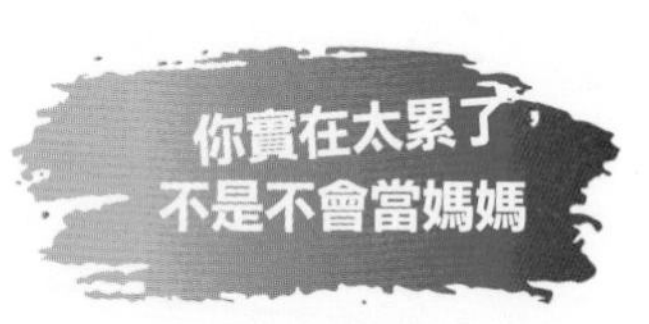

又很累，帶小孩也不上手。我覺得自己更無能了。」庭芬沮喪地說。

「我們請了二十四小時保母。保母做得很好，我也可以睡過夜，但這卻更讓我覺得自己在家就像個廢人，對先生也感到虧欠。」悅怡紅著眼眶，努力壓抑情緒。

為什麼都已安排妥當，但媽媽仍感到不安？

團體室裡的氣氛有一瞬間的低迷。

我們都有好相似的情緒。那種明明以為已經做了最好的決定，卻仍然感到憂鬱、不安。偏偏身邊支持的資源這麼多，好像一丁點的抱怨，都會顯得自己不知足。身邊的人也對自己的低落，感到不解，甚至乏力，而自己也為這樣的狀態，感到自責與失望。

我想起自己隨著預備迎接第二胎的來臨，我與先生對於在月子中心好好靜養「休息」的矛盾、衝突，也跟著浮上檯面。

與面對第一胎時，在照顧上，手足無措的焦慮相比，第二胎的挑戰，是我能否克服與面對老大的分離。

令先生無奈，也不解的是，明明月子中心就是小孩讓嬰兒室照料，我又要剖腹療養、又要擠奶餵奶，作為剛生產完的母親，既累且痛，卻不肯放心休息，還想急切地與嬰兒親密地建立依附，甚至還想保有與大女兒連結的糾結心情，簡直就是給自己找麻煩。

可是對我而言，最痛苦的就是一顆心懸在那兒。即便所有的事情都有人代勞，我也無法安心躺在床上入睡呀！

媽媽期許自己能讓所有人都滿意?!

於是，**媽媽轉化了好多的不安與焦慮，有時還會全都投放到伴侶身上**——「你應該要幫忙我的呀！」——我多希望我選擇了這個，而你可以幫我補上另一面缺乏的選項。

因此，很多先生感到困惑與茫然。他們只讀到太太「怎麼樣都不好」的情緒，卻不知道「那到底太太要選什麼」，才會讓一切皆大歡喜。

可是媽媽本來就不是單一情緒的生物呀。尤其當孩子出生後，那樣心心念念的還是剛離開自己肚子的寶寶，是否有受到妥善照顧？餓了的時候，自己會是個奶量充足的媽咪嗎？當寶寶哭泣的時候，我的擁抱真的能夠給他安撫與享受親密嗎？這麼多的未知，讓人好焦急又好疲憊。

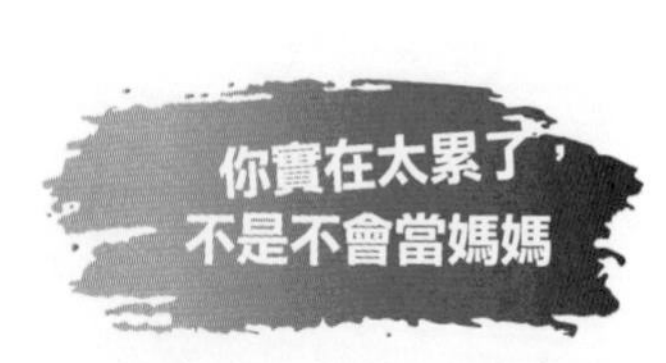

有的媽咪還面臨大寶讓自己每晚想著流眼淚，面對幫忙帶大寶的婆家或娘家，又覺得滿心虧欠。擔憂著會不會孩子給人惹麻煩，讓人說自己不會教，或是埋怨著自己的小孩怎麼還塞給人家顧……其實我並不是「怎麼選都不好」，而是恨不得自己有三頭六臂。照顧寶寶的同時，也把自己照顧好，最好還能讓所有的人都滿意。

媽媽的糾葛心情，也想被人接住

但如果這話讓我娘家媽媽聽到，她一定焦慮又大聲地對我喊話：「要感恩，要惜福呀，以前的人哪有這種享受，都是把孩子扛在身上就去田裡幫忙的！」

可是，我只希望有人能聽聽我，幫我釐清我怎麼了。大家想要我不要再庸人自擾（也許還有身在福中不知福吧），可是，我只是想被接住而已。

一、我想被接住的，是對孩子的放不下與占有欲

在過去職業婦女的生涯裡，我總在孩子還沒醒時就出門，晚上接案回來，孩子有時也就

跟著公婆睡了，讓自己每每面對半夜孩子哭醒，找阿公、阿嬤的時候，我也跟著心疼又心碎。後來，我花了好多的時間拉鋸，最後才決定離職，成為自由工作者。

從每天陪著孩子入睡與起床的基本任務開始，重新培養起我與孩子的生活連結；也因再次感受到與孩子的親密，是這樣的甜膩，而叫人捨不得再分開，但可能也因此而更不安接下來的分開，不論是旅遊、工作出差、生產住院，總不禁擔憂會不會回去後，孩子又會不要媽媽？明明知道這是不理性的想法，對其他照顧者也不公平的自私感受，但那樣的占有欲，隨著孩子與自己越來越親近，反而越來越清晰。

這樣的心情，一直到從手機得知朋友小夫妻兩人決定出國放風，卻因為捨不得大寶，而提早改機票回國，又或是老同學在月子中心住不到兩週就哭著退房，而回去開始一打二又苦又累的生活訴苦，讓我心裡踏實許多。看見社群動態裡父母的分享，我突然感到自己的內在被理解了，以及還有內疚感被釋放的寬慰感。

原來，允許自己的占有欲，我才能讓自己的焦躁緩慢下來，既消化那些對周遭幫忙人們的抱怨或敵意，並讓自己好好地從跟孩子接觸的片刻當中，重新找回安全感，還有**相信「我仍會被孩子愛著」的自我價值。**

二、我想被接住的，是內在也想休息，什麼都不想做的罪惡感

有不少新手媽媽苦惱地與我分享，明明就決定將孩子送托了，自己卻連在家滑手機喘口氣，也覺得罪惡。

因為不敢讓別人覺得自己「過太爽」，只好排滿整天做家事，並急著先生一回家就報告對方。

即便出門逛街、散步，也不敢離家太遠，就怕托嬰中心打來有急事。還不到兩個月，媽媽就緊繃到受不了。只要一個人在家，就開始感到無助與恐慌，連先生也疑惑：「送托到底讓你哪裡放鬆了？」

「住月子中心／孩子給人家帶，你又沒事做，還有什麼好憂鬱的？」許多媽媽都有這樣的不安與難受，好像已經為自己做了很多省時、省力的安排，卻無法安然地享受這樣的幸福與寧靜，**似乎得背負著他人的羨慕與嫉妒——「真好命」、「你真幸運」、「上輩子燒的好香」、「老公真好」——而不是「媽媽真的很需要／媽媽本來就值得」的理直氣壯與心安理得。**

但是唯有先把自己安頓好，才有辦法在育兒與家庭經營這條路上走得更久，我們得放下

「加班到十二點，才是好員工」的慣老闆思維。

不是當媽媽就得蓬頭垢面的顧不得自己，才表示有為家庭、為丈夫與子女犧牲與付出；相反地，能夠聰明的照顧自己的媽咪，才是未來有能力在肩上扛起更多任務，並輕巧執行的育兒健將。

三、我想被接住的，是不想因為先照顧了自己，而讓孩子感受到懲罰的歉疚感

許多媽媽在自我照顧時，除了要對抗來自他人的比較與指責，更多的是，出自對孩子的虧欠與罪惡感。好像一旦把自己的排序往前移了，自己就會是個不夠愛孩子的殘忍母親。

以我自己為例，我發現我比第一胎時還要更糾結是否入住月子中心，在於考慮老大在面對我生產時住院、月子中心休養，她將會感受到媽媽消失不見，然後返家後，所有人的關注還會從大寶身上轉移，她獨生女的王位將被迫讓出。緊接著，因為入學年紀以及家裡照顧人力的重新規劃，孩子得面對被安排入學的適應。

光是想像若自己處於大寶的心情，我就渾身感到受傷與不安。也許是我也投射了自己身為老大的委屈成長經驗，而不想要孩子費盡心思，變得早熟、討好，或是不成熟的使出破

壞與氣憤的手段，就只為了想要大人們的關注，或確認自己是否還被愛著。

然而，**匱乏的愛不是愛**呀。那很容易讓已經脆弱、敏感的母親，更容易使孩子懷疑自己的不對與不應該，或是「媽媽為了你們，犧牲自己這麼多」的情緒勒索。

媽媽把自己的排序往前移，或是照顧自己的比例增加，與愛著孩子並不衝突。在許多的對話反思與咀嚼後，我覺得那並不是一個兩難的選擇題，或是艱難的圓餅圖分配問題，或許**「自我照顧」本來就該被視為一切的「前提」**。

若沒有穩固的地基，我們就無法依照自己的渴望，或再去容納他人的期待，在地面上蓋出理想的房子。因此，為了構築一個幸福與和諧的家，不論是不是母親這個角色，每個人都應該如此被重視的對待。

有時，我喜歡六十分的自己

媽媽心，海底針，可是那根針就這樣沉在心裡，漂呀漂的。一伸手去撈，就往另一邊翻滾，想捏起，又總是無法精準拾起。

其實，我的心裡也好不舒服呀！但如果那根針就是切切實實存在著的，那麼，不如協助自己找到那根不安定的針，並慎重地決定將它安置在海底何處。剩下的任務，我們就只需全力以赴的穩固自己，並請求身邊支援一起幫忙就好。

放下對自己要全面兼顧的期待，學習與海底針共存。有時，我挺喜歡那個只有六十分的自己，進可攻、退可守。

我沒有自我放棄，沒有因為做不到，就覺得自己不夠好，而且能夠欣喜地看見自己的學習與成長，這反而可以幫助我，在這片無盡大海中，游得安適、自在。

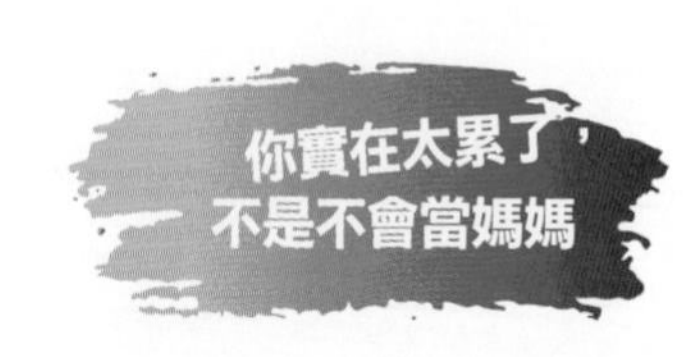

按部就班是媽媽的需求，還是孩子的？

媽媽是否只顧著在確認清單上打勾，而忘了「用愛陪伴孩子」才是最重要的項目。

當女兒漸漸大了，來到兩三歲豬狗嫌的年紀。凡事都想自己嘗試、自己作主外，還有許多「我不要」、難配合的臭脾氣，加上面臨許多吃喝拉撒睡的自主訓練挑戰，對於父母來說，每日的生活，簡直是堪比打怪還要艱難的任務。

光訓練孩子上廁所，就狼狽不已

回頭看自己的孩子，正處於戒尿布的尷尬階段，我也為此感到頭疼。

明明知道該放手，讓她自主學習，並安撫她在面對失敗時的挫折反應，但是真正執行起來，才深刻感受到那完全是另外一回事。

女兒對於需要一段時間醞釀與用力的大號行為，尚未建立安全感，因此，穿著學習褲，雖然可以馬上告訴我們，她要小號，但卻完全不肯上大號。

女兒總是憋到晚上睡覺前，包了尿布才大，結果就是大便又硬又多。女兒邊哭邊鬧，叫了半天才上出來。打開尿布，一看到帶血的大便，我也心疼不已。

幫女兒洗屁股的時候，想幫她擦點凡士林，舒緩一下紅腫的屁股，還得奮戰一番。又抓又哄又騙地，才讓她平靜下來。

光只是上廁所這件事，就弄得我們狼狽不已，孩子自己也身心俱疲。

眾人熱烈提供意見

偏偏家中的照顧者，不是只有先生與自己，還有孩子的外公、外婆，不時也還有親朋好

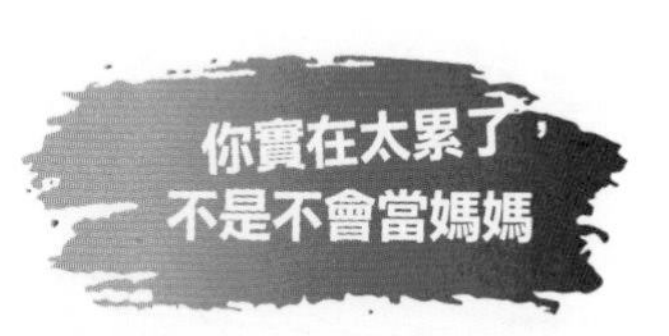

友來作客。關心孩子的人一多，意見、想法也多了。

明明出發點都是為孩子好，但只要孩子不是那麼的順利，全部人就跟著亂了陣腳，甚至開始互相指責。氣氛緊繃，孩子自然也躁動不已。

「你們就是讓她習慣包回去才大，她白天就不肯上呀！」

「飯都不好好吃，肚子空空的，你要她怎麼大？」

「洗澡的時候，就要先塗凡士林啦。晚上才塗，來不及了啦！」

你一言，我一語的，**聽在做媽媽的我耳裡，好像就通通變成了對我不會教孩子的指責與嫌棄。**於是，我對著孩子：「你要上廁所，要講呀！」「你在哭什麼？用說的。」「不擦藥，屁股會更痛呀！」的叨唸，也不停歇。

這些聽在孩子耳裡，就像吵鬧的背景音樂。孩子的心情已經不愉快了，她一聽這些，就更加不願意配合。

我打了女兒三下

這天也是在哭哭鬧鬧過後，孩子終於完成如廁的重大任務，之後，她一直喊著要出門買養樂多喝。好不容易，我們夫妻倆把小傢伙帶出門繞了一圈，開心回家後，沒想到，她又開始不肯配合洗澡、刷牙等一切任務，甚至黏在我身上，拔也拔不開。

這下可好了，你不洗就算了，連媽媽也要跟著臭兮兮。一整天累積下來的烏煙瘴氣，讓我對先生、對女兒都沒有好臉色。

我板著一張臉，隨便洗個澡。試著深呼吸，打理好自己後，原以為可以擁有更多的耐心來追著孩子跑，但當遞出第三次漱口杯，要女兒刷牙，都被她推開，水灑滿地時，我自己白天工作在外，回來面對女兒不配合的轟炸，彷彿我也緊繃到頂點了。

於是，我忍不住抓起她的小手，硬是啪啪啪地打了三下。

女兒沒有什麼激烈抵抗的回應。她只是有點訝異我的舉動，然後咕嚕一聲，就一口把水喝了。

我有用「心」，跟孩子在一起嗎？

沒料到，吵了一整天的孩子，居然就這樣安靜地把水喝掉。我帶著疲憊、挫折與自責心情，突然清醒了過來。

回神看見女兒堆著滿床的故事書，與踢亂了的墊子。我嘆了一口氣，拍拍大腿，拿著故事書，問女兒想不想聽。

女兒一溜煙地鑽進我懷中，就像個大寶貝似的窩在我懷裡，開心地撒嬌著。

女兒居然還願意做出明天要洗澡的打勾勾約定。她看著我，細細柔柔的嗓子蹦出一句：

「要有耐心，才對。」

突然之間，我的眼眶好像熱熱的。

我發現今天一整天到女兒快睡覺前，我都沒好好地正眼看她、用欣賞的眼光給予回應。

我總是緊緊跟在旁邊，女兒被我追在屁股後面，一直窮追猛打。我焦慮的緊盯例行任務到底完成了沒有，卻沒有真正地用「心」跟她在一起。

我看著女兒的臉，像是在跟她說話，其實也在對自己喊話：「好了，其實你今天已經完成三件很了不起的事了，有大便、自己付錢買養樂多，還有刷牙，你已經很努力了！」

我是否為了管教而管教？

看著女兒漸漸入睡的臉孔，感受著她一天下來，真的也累壞了。我有點沮喪地開始思索，到底按部就班是媽媽的需求？還是孩子的呢？

如果這些事情沒有完成，會發生什麼事呢？仔細一想，都是生活中芝麻綠豆般的小事。如果我只是個週末累癱的上班族，可能也會澡都沒洗，就窩到床上睡到隔天自然醒，但是成為了媽媽後，不知道是自己的完美主義形成的控制性格，還是面對大家庭環境下，大家都在看的氛圍，自己也有要做給別人看的壓力？我發現很多時候，自己也會為了管教而管教。

對女兒嘮叨、叫喊是做給別人看的。深怕別人快自己一步，就有機會指責自己哪裡沒做、做得不好，但卻也讓自己的焦點總在完成任務上，而不是我的孩子。

女兒現在的需求是什麼？女兒的情緒有哪些？明明一整天忙碌得焦頭爛額，我卻好像失去了和女兒的連結，只顧著在確認清單上打勾，而忘了「用愛陪伴孩子」才是最重要的項目。

當我將關注回到女兒本身時，女兒就感到安全了，並且願意與我合作，甚至她也能享受其中。

女兒並不是不會，但說不出她為什麼不肯配合、不願意做。這真的太困難了，我們大人都有想偷懶、迴避的時候，孩子要怎麼回應這種「其實不允許說不」的難題呢？

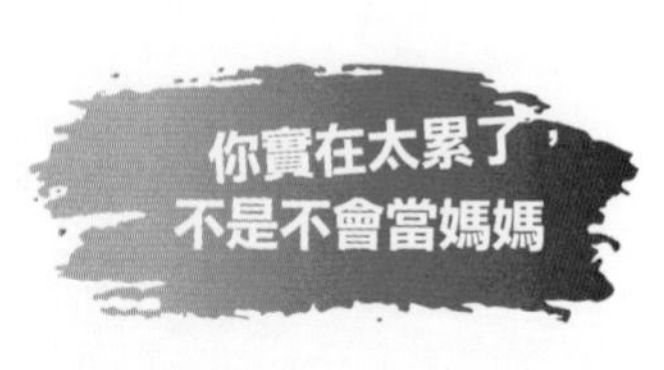

母女親密、貼近的三十分鐘

我想到我常常覺得女兒可以自己玩耍的時候，就想趕快拿起手機、電腦，偷閒、做事，然後女兒一轉頭看見我眼光沒在她身上，就會開始揮開手機，或是拽著我的衣角喊著：「陪我玩啦！」

我常因為自己得做正事而想發脾氣，然而仔細一想，女兒也很無辜。作為大人，我們還沒讓孩子學會好好消化、吸收「不是我想要，都可以得到」的失落情緒，就對孩子真實的表達不滿情緒感到生氣，甚至給予拒絕的回應。

但將分內的事情安排好，給孩子完整的時間，才是我作為父母的任務，而非要孩子來配合自己才是呀！

在那次的經驗後，我後來想法轉個彎（或者可以說是退一步）。我拿著手寫的紀錄或是印好的演講稿，邀請我的孩子跟我一起寫功課，我的女兒竟也樂在其中。推著孩子的高腳兒童椅，跟我一起坐在桌前，讓女兒靜靜地貼在我身旁，自己畫著畫。

當然時間無法像我所預期的兩三個小時的安靜作業，也無法避免女兒不時地還是希望我幫忙，或女兒也想看我寫的東西等等的干擾，但光是那三十分鐘左右的時光，我其實很喜歡。我與女兒同在，並感受到她，也一樣享受這樣親密、貼近的片刻。

媽媽先放下想要完美的期待

因此，我對自己開始有所釋懷，就是我得先放下自己想要完美處理、安頓好每一件事情的期待，那麼，我的孩子也不需要事事都得完美地配合我。**我的親職不用刻意做給周遭的人肯定，或是為了符合「乖巧的孩子」、「優秀的母親」而急就章。**畫虎不成反類犬，結果，我對自己仍然不夠滿意，到頭來，孩子也不開心。

當我放慢腳步時，我才有機會聆聽孩子，並讓孩子感受到被看見。親子之間的關係是用「心」串聯在一起的時候，我們才能真正的互相凝望。

就算那些所謂的「好寶寶任務」沒有完成，也沒關係。我很樂意，帶著我的孩子一起面對那些不夠完美的挫折，並一同爬起來，繼續慢慢努力。

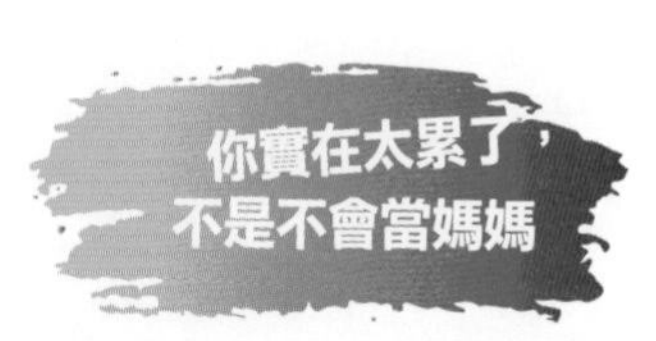

天哪，我也要帶我的孩子去收驚嗎？

刺傷媽媽的，不是還在探索與成長的失控小孩，是旁人自以為善意的插手干涉，與妄加猜測，就粗糙下定論的負面評價。

我的床上有一隻「怪獸」。半夜三點，怪獸就開始全身捲曲，兩隻小手胡亂揮舞，掙扎地找尋我的頭髮拉扯。怪獸的小腦袋瓜在床上蹭來蹭去，就是找不到一個舒適的位子。我試圖想要擁抱、安撫，這隻怪獸卻猛然一踹，直擊我的腹部。小掌揮上我的臉來，還打得我眼冒金星。

睡眼惺忪的我，輕聲問她：「你想要喝ㄋㄟㄋㄟ嗎？」

我原本以為接著會播放這個小怪獸乖乖地喝奶、被哄睡的和平景象，那是每一個媽媽們都會心一笑的日常溫馨片段，但想不到接下來的劇情急轉直下。

這隻「怪獸」彷彿被我的好意詢問吵醒一般，她突然暴躁得直搖頭，開始發出不甘願的低啜聲。全身像長滿蟲一樣，開始直打滾。

我也慌張了，想要抱起來安撫，卻總是找不到合適的角度，可以壓制小怪獸的百般掙扎，於是，小怪獸的低聲啜泣，變成嚎啕大哭、驚聲尖叫。

這下可好，大家都別睡了——小怪獸又開始半夜「中邪」了！

我披頭散髮地終於把她扛起，邊拍邊哄，走出房間。

先生醒了，公婆也打開房門，探出頭來，然後嘆了一口氣。這已經不知道是第幾次了。

接著，大家紛紛倒回床上，剩我一個人，繼續對付懷裡那個試圖吼叫、掙脫的妖魔鬼怪。

女兒中邪了嗎？

「我覺得是不是還是帶去給人家收驚一下啊？」我的母親問。

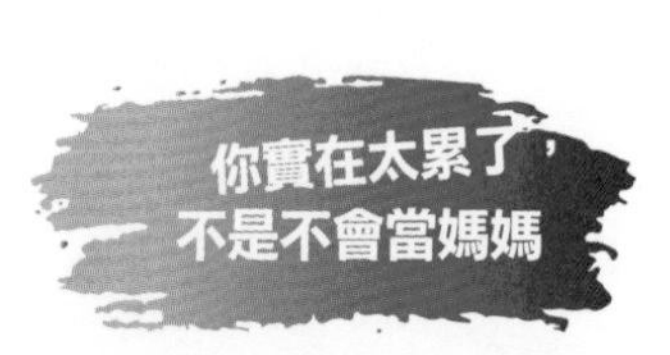

「幹嘛這樣？她不是真的中邪，那叫夜驚！」我回答。

「我鄰居有認識的老師，去收一下啦。他小孩也是這種年紀，晚上愛哭，但給人家一收驚，就知道上次撞到桌腳是煞到，收完就好睡了。」好心的姨婆建議。

前天晚上，我們出遊玩樂，借住姨婆家。晚上睡得不好，孩子再度怪獸上身，驚擾大家。我這個做媽媽的帶著歉疚的心情，不知道該怎麼拒絕。

孩子有的時候真的好像「中邪」。明明白天體力消耗了，睡前儀式也做了，還注意一整天，有沒有讓孩子吃到刺激的食物，但偏偏孩子有時候番起來，怎麼講也講不聽，猜也猜不中這個小怪獸的心意。

看著孩子無法溝通、氣急敗壞在地上打滾的模樣，即使我是心理師、兒童心理專欄作家，還管理一家號稱全台北市最大的親子館，但對著這隻滿地翻滾，還哭個不停的小傢伙，我倒是真的想不出任何比「中邪」（或是發神經？）更貼切的形容詞。

我一方面告訴自己，孩子的氣質本來就不同，無關乎媽媽好不好；但**另一方面，卻還是擔心公婆怎麼看我，甚至不安自己的心理師專業被質疑。**

我安慰自己，別慌張，這只是孩子長大的過程。但卻仍沮喪於原來當自己真的遇到了，才發現沒有紙上談兵容易。

過去自己即便經營了近五年的親子館，帶的是別人的孩子，掛的是「老師」的角色，但當自己成了與孩子奮戰的母親後，好幾度，我居然也開始認真思考：天哪，我也要帶我的孩子去收驚嗎？

「高需求寶寶」撈起了溺水的我

不論是跟我差不多時間生兒育女的朋友，又或是親子館接觸到的媽媽們，許多人也都有著泣訴被寶寶「折磨」的慘痛經驗。不好餵、愛哭、難哄、易緊張，反正種種困難的特質都給她遇上了。還好，「高需求寶寶」（high need baby）的名詞拯救了許多無助、自責的媽媽，也撈起了溺水的我。

那是一九九六年，美國的William Sears博士，針對這類容易令媽媽挫折的困難氣質寶寶所給予的名稱。後來許多人也針對這類型的寶寶，提供許多教養上的研究與建議。然而，在我真正擁有了一隻怪獸般的小孩之後，我覺得讓自己真的被接住的時刻，正是看見原來許多媽媽，也都有「面對高需求寶寶，真的好困難呀！」的感同身受。

有的時候，不是我這個做媽媽的寵溺放任或無心管教，而是我的心神精力已被孩子消磨

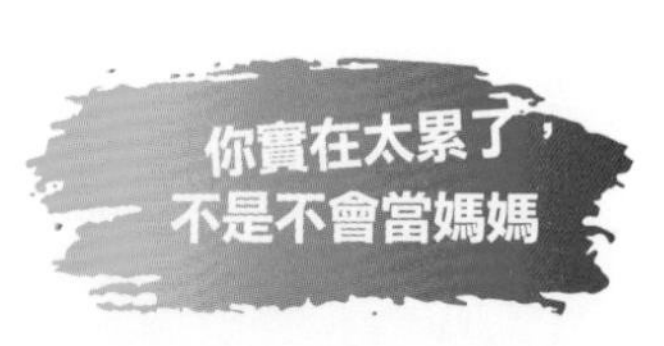

一空，並且乏力再表現出任何母子和樂的典範模樣了呀！

於是，看著餐廳裡那些拿手機放影片給孩子看的父母親，又或者高鐵、火車上大聲斥喝奔跑中孩子的爸媽們，比起以前小姐時期自己習慣皺眉、質疑的困惑，現在的我，多了一些理解，並感受同樣的為難、沮喪。

媽媽需要的是理解與幫助

光只是責怪，哪能解決什麼問題呢？或許在你看到的混亂之前，媽媽早已經耗上了半天、一天，就為了消耗孩子體力，或是安撫他的情緒，而**那樣的匆忙一瞥、不順己意的「失格」父母樣貌，卻成了你貼給媽媽的殘酷標籤。**

媽媽其實需要的是理解與幫助。知曉孩子的困難在哪，而願意給予支持。

誰不知道3C傷眼，甚至可能影響大腦發展呢？如果能好好坐著，誰會想要孩子跑得滿車飛舞呢？只是嫌惡的責難，也無法幫助父母解決育兒困難，更遑論享受育兒之樂。

原來刺傷媽媽的，不是還在探索與成長的失控小孩，是旁人自以為善意的插手干涉，與妄加猜測就粗糙下定論的負面評價。

有多少媽媽，為了這樣的指責而自我懷疑，甚至失去作為母親的信心。那樣不經意的言語，抹煞背後帶著血與淚的努力，同時也抹煞了媽媽掙扎帶著孩子跳出水面的自我。

作為一個母親，除了鍛鍊出帶孩子的堅強心智外，面對他人的眼光與評價，還得要有不畏刻薄言語的骨氣才行。

收驚，是收大人們不安的心呀！

相較之下，身邊的長輩老勸我「帶孩子去收驚」，可能還算是過分溫柔的建言了。是我太玻璃心，當時還消沉了好一陣子。不過，事情後來出現了峰迴路轉的變化。

我先生當時相當生氣地反對帶孩子收驚。他不敢置信在科學如此發達的年代，還有人相信這一套，直到我的公公默默丟出一句：「以前你小時候哭到大家都不知道可以怎麼哄的時候，也被帶去收驚過……」

聽著先生也曾給人帶去收驚，他一臉震驚又氣結的模樣，大夥兒哄堂大笑，還倒成一團，而我自己彷彿也從緩解的氣氛當中，找到一絲絲撫慰的暖光——收驚哪是收孩子的驚，是收大人們不安的心呀！

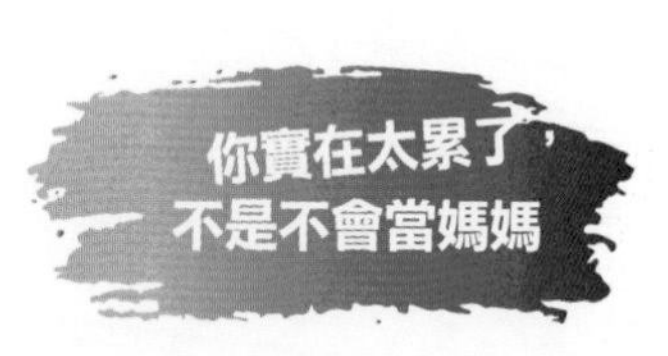

更何況以前的人們，是整個村落鄰里都幫忙照看孩子的。孩子去收驚，安的不只有父母親的心，還有祖父母、曾祖父母，甚至左鄰右舍叔伯阿姨們的心。

我們心理師夥伴們常常聚在一起自嘲：「你看看，只是收個驚，就能安撫這麼多人的心。不像心理諮商，有的還要幾期療程，費盡唇舌說好說滿六十分鐘，好像還挺值得的！」

每一個照顧者，都請先安頓自己的心

對自己作為一個無力照顧者的心情，是這麼沮喪與挫折。對孩子無法控制的情緒，是那樣的害怕與擔心。雖然我們身處科學的時代，不一定要透過民俗療法來收孩子的驚，但無論如何，請務必要記得，你仍有選擇，透過任何方式來安頓自己的心。**告訴自己：「深呼吸，沒有關係的。」**而我也深深地相信，當父母越能夠安定心神，孩子也能夠有所覺知而越加穩定。

昨晚，我跟先生推著娃娃車，從捷運站出來往回家的路上，看見一位媽媽站在騎樓的小角落，狼狽地抱著一個哭得狂亂的孩子。旁邊的小姊姊，一臉無奈又不敢吭聲的揪著媽媽的裙角，兩眼放空的呆立著。

而我們娃娃車上那隻不知好歹的小怪獸，居然還回頭大聲地嚷嚷：「那個小北鼻在哭哭耶，馬麻！」

我們心裡頭暗忖，你也是那個模樣呀！於是，我與先生兩人相視一笑，**給予那家人一個「辛苦了」的眼神**後，踩著自己的步伐，緩緩地離去——**親愛的媽媽，加油！我們都是一樣的。**

你實在太累了，不是不會當媽媽

當媽媽是健忘的，才有辦法更堅強

我一直都自認為是個運動神經不發達的弱女子，但成為母親後，竟練就一身功夫。

台灣的夏天來得很快，一下子就熱得黏答答的天氣，逼得自己不得不為衣櫃提早換季。整理衣櫃時，看見抽屜的小隔間裡，塞滿了孩子寶寶時期的毛帽、針織衫與褲襪。突然之間，好久以前的畫面全都翻湧而上。

孩子令人心疼的異位性皮膚炎

那是女兒還在一歲左右時候的冬天買的。每到換季，女兒就全身搔癢，她又抓又痛又哭的。已經每隔三五天就剪指甲了，但女兒的手腕與腳踝，卻都還是紅紅腫腫的抓痕、破皮、結痂，以及又被抓到掀起的血與膿的痕跡。

在最嚴重的那個冬天，看著女兒好不容易都快癒合的傷口，擔心又被不耐癢的孩子抓到感染，只好連晚上睡覺都幫她包上緊緊的褲襪，不讓她把自己摳到皮破血流，但卻又得心疼每次脫下褲襪時，那種沾黏皮膚組織液，彷彿撕開傷口上紗布般的皮肉之痛。

雖然小人兒對於疼痛的注意力分散得很快，但作為新手媽媽，那種因不瞭解嬰兒皮膚炎而慌張無措，看著寶寶哭哭啼啼的皺眉不捨，卻仍歷歷在目。當時，我的心都揪成了一團。

沒想到，才不到一年左右的時間，這段酸苦煎熬的日子，隨著孩子年紀的增長而消失，差點就要被自己給淡忘。

為了孩子，奮力打蟑螂

翻了翻還有彈性的針織褲襪，有羅紋、麻花紋路、愛心圖案，我一邊想著哪些還能穿，

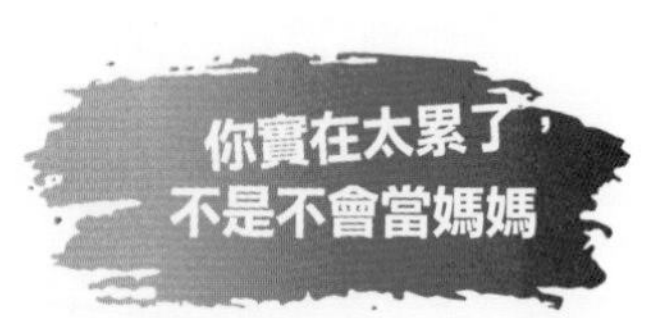

一邊也感嘆自己當了母親，居然能夠變得這樣堅強。

婚前的自己，可是連蟑螂都不敢多瞄一眼的。現在半夜起身，若是看到，連先生都懶得搖醒了（當然遇到巨無霸等級的，該搖醒的，也是不會客氣）。我咬著牙，即便一邊發抖，一邊還是閉著眼，用力砸著拖鞋，以消除任何可能危及寶寶的所有障礙。還不時擔心手腳不俐落，會把孩子吵醒。

要是我的母親知道了，想必會大吃一驚。以前那個什麼都不會的懶傢伙，現在居然都能夠自己來。

成為一位母親後，原本的千金大小姐，都願意捲起袖子把屎、把尿了。

我本來是個常被朋友開玩笑，說性格很「老么」的人。雖然下面還有一個弟弟，但被愛女兒的老爸給寵上天，因此年輕的時候對於伴侶交往，總愛抱怨對方的不體貼與不照顧，甚至接近公主病的，總希望對方能以自己為主，並用心呵護、照顧我。

於是在懷孕之後，我仍抱著浪漫的幻想與期待，覺得自己一定是要回到職場、做自己的人。我不會放棄打扮與交際的生活圈，並企圖做個令人稱羨的「優雅育兒」媽媽。

人生的第一個「放下」

但怎麼也沒想到，人生的第一個被迫「放下」，就在我剖腹產後的第二天脹奶時慘烈發生。當時半夜的我，全身燥熱與昏沉不適。我按了鈴，請求幫忙。過來的護理師嚴肅又認真地看待我的乳房，即便我再怎麼想要成為亮麗形象的媽咪。此刻，也只能咬著牙，在她面前袒胸露乳，邊哭邊叫喊，讓她與先生來協助我人生第一場的初乳體驗。

根據我先生的說法，當時我的激烈掙扎與反抗，甚至讓他心中浮現了「如果可以簽束縛帶，固定產婦的同意書，我會毫不猶豫簽下去（或是直接敲昏我）」的念頭。

現在回頭想想，我當時的狼狽模樣——接著尿管，還得讓先生幫忙替換產褥墊，或許都還算是比較甜蜜、貼心的回憶。

不但無法優雅育兒，還很狼狽

一個「放下」後，隨之而來的挑戰，也無法再讓人想著到底要放，還是不放了。

來不及拍嗝的嬰孩，就這樣噴射狀，嘔吐在自己剛洗好澡的身上、頭髮上。換尿布時，看到孩子如洪流般湧出的糞便，一時驚慌，抓著寶寶的腳抬高，結果流得寶寶滿背、滿屁

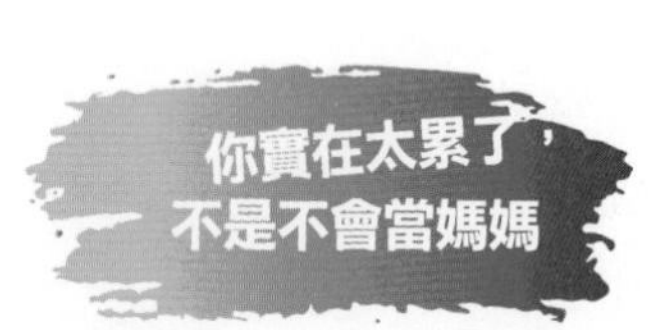

股，還溢到旁邊的床單上，最後落得自己也無暇顧及身上臭不臭、髒不髒，只求把這嬰孩好好安頓好，就已經是最能讓自己喘口氣的事了。

我一直都自認為是個運動神經不發達的弱女子，但成為母親後，竟練就一身功夫。我能夠在孩子吃太大口而咳到乾嘔的時候，精準用手接住孩子的嘔吐穢物，又或是在炎熱的午後雷雨天，居然可以背著大背包，扛著在自己肩上呼呼大睡、流著口水的孩子，還撐著雨傘，手提兩人的午餐奮力走回家。

而誰又會知道在這之後的某一天，黏著自己的屁孩，連廁所都要跟。孩子看著自己的媽媽大號要上不上的，會熱心地上前握住我的手：「你有好一點嗎？」我還會為了孩子大便大不出來，在馬桶旁邊難受地抱著一邊用力哭喊，一邊尖叫的孩子，並跟著孩子掉眼淚呢。

優雅育兒是什麼？我還記得我拿著社群軟體上搜尋到的，那些妝髮精緻的日本部落客媽媽的分享照片，詢問我的髮型設計師，能否像她們一樣，擁有俐落卻又飄逸的短髮。

髮型設計師一口回絕我：「那個每天都要用電棒捲啦！你想要帶小孩而輕鬆整理，又能這樣蓬鬆、飄逸，是不可能的！」

不可置信的我，繼續翻著社群軟體上那些亮麗媽媽的生活分享。她們帶笑低頭的浪漫氣質，以及牽著同樣認真打扮的可愛孩子。

我突然清醒過來，想要那樣的優雅育兒，還要請個攝影師拍照，說不定還有人在旁邊打光，跟負責拿玩具，吸引孩子看向鏡頭的目光吧。而我，還是回頭認分地去做我女兒心中最美的媽媽就好。人比人，果然也只能氣死人而已。

中間一度也想大喊「老娘不幹了」

生了孩子之後，我果不其然，也開始抱怨大量掉髮（而且我的孩子睡覺前不抓小被被，只喜歡我的頭髮。生完孩子，我的前額都快禿了）。用餐時，光是顧孩子吃飯或是收拾殘局就忙到不可開交。大家都吃完了，就剩自己孤零零的，還餓著坐在桌前。此外，還有總是被孩子半夜討奶打斷的睡眠品質等等，中間一度也很想大喊「老娘不幹了」，卻又不是真的想狠下心來全都丟開。我還是有很多對孩子的疼愛、不捨，以及自己仍想堅持「做個母親」的複雜心情。

仔細想想，我已經忘了上一次能夠放縱的睡到不醒人事是什麼時候了。孩子還在嬰兒時期的時候，每三小時就得循環一次餵奶—拍嗝—洗屁股，換尿布的任務。即便跟先生輪班照顧，時間到了，還是得獨自爬起來擠奶。當時我還曾精神恍惚到打破奶瓶，看見得來不

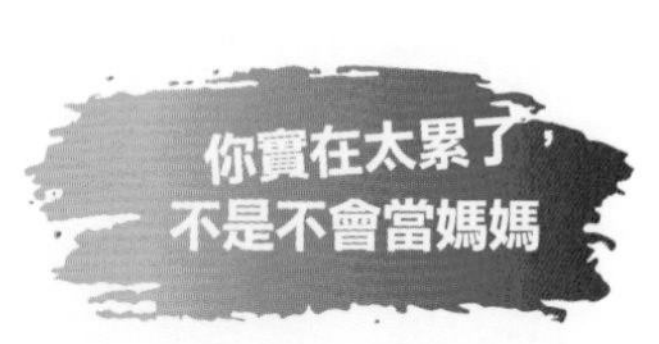

易的整罐母乳被自己浪費掉的瞬間，我又崩潰又挫折。最後，還搞得全家總動員來清理玻璃碎片與重新安撫孩子。

孩子大一點後，我又得開始煩惱她的異位性皮膚炎。看著孩子手腳傷痕累累的，心疼不說，每到了晚上，孩子都難以入眠。她翻來覆去的抓癢、哀號，讓我心驚膽跳。好不容易天氣好了，皮膚也跟著穩定後，孩子的過敏體質卻又從支氣管炎、鼻塞等症狀中，找到縫隙，反覆發作。

孩子半夜咳醒，哭喊著找媽媽，我起身安撫。偏偏孩子咳到支氣管紅腫時，一口氣過不去，嘩啦嘩啦就吐了。

此時，我也只能抱著哭慘的孩子安撫，並忍著一身黏臭，與先生一起把床單、床罩都換掉。

育兒路上，挑戰不斷

幾年下來，即便孩子一覺到天明，好像大人也可以跟著久睡了，但我的淺眠，卻早讓自己的休息品質下降而不自覺，甚至難得有一兩天，孩子可以一直睡到早上五六點才討奶喝，我都覺得那是種莫大的幸福。

而每年回娘家住，也總會因為一兩件事情搞不定孩子，弄得大家七竅生煙。

記得某一年，先生抱怨孩子會開始認浴缸，不願在外頭洗澡時，我還告訴他：「去年是不肯坐爸爸開的車，在高速公路上哭喊著要下車，再前一年，甚至不願意讓媽媽離開半公尺的視線，而在廁所外面拍門哭到吐呢！」於是，我先生打趣地說：「**養小孩好像在打電動破關，每天都要提心吊膽地看孩子有沒有睡午覺、有沒有大便、願不願意洗澡……全都破關之後，一覺醒來，就又得再重來一遍。**」

是呀，過了吃喝拉撒睡的這關，以後擔心的，還有上學過得好不好、書能不能認真念，青春期到了會不會叛逆，長大後是不是會想離家……

但媽媽好像就是一種奇怪的生物。明明每年都在痛苦中咬牙掙扎，卻總能安慰自己「最辛苦的時候，已經過了」，然後繼續迎接下一個困難的任務，跟孩子繼續在拉扯、抗拒中，一關一關的過。我想，也許當了媽媽就是因為健忘，才有辦法更堅強的吧！

育兒之路好像沒有過了哪個坎，就可以從此天下太平，或是爸媽們能就此高枕無憂的。它像是沒有結局的《海賊王》一樣，這一次的挑戰成功了，下一集還有其他大魔王跟新的藍海世界，等著孩子帶我一起去探索與冒險。

我慶幸自己對苦痛、抱怨是健忘的，但對孩子的任何微小發現與成長，我能感到驚喜，且常想細細回味，這都是幫我儲備這趟長途育兒旅程滿行囊的精神食糧啊。

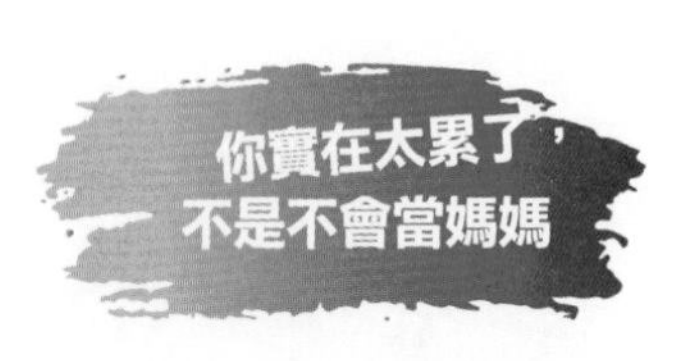

「孩子長大，我的人生就會好一點嗎？」

一個家需要的，不是越忍越委屈的媽媽，而是因為想要更好，願意先改變的人。於是，我從朝九晚五的親子館穩定全職工作，轉換為時間、案量都不固定的自由接案者。

「我開始變得邋遢，根本沒有時間打理自己，家裡也永遠都弄不乾淨……」

「我也想下班去哪走走、喝杯小酒，可是只能認命的提早趕回家，盯著只有我一個人的廚房。我不禁會想，這就是我未來的人生嗎？」

「我脾氣也開始變得暴躁，眼裡看到的都是先生沒做的，外頭路人不友善的，小孩不肯配合的。一切都是這樣的不如意，早知道就不要生了！」

眼前的媽媽們看起來既疲憊又憔悴。

生孩子，是錯誤的決定嗎？

明明懷胎時內心充滿期待，怎麼孩子一出來，就把自己一切的想像都打得混亂？那些夫妻倆抱著孩子笑得開懷的溫馨畫面，現在都被兩人的蓬頭垢面，與疲憊一整天的相對無語、滿地散亂的衣物玩具、整屋子迴盪著咿咿呀呀的孩子哭叫聲給填滿。

「我的人生好像就此變調。我開始懷疑生孩子是不是一個錯誤的決定。」

「老師，大家都說小孩大一點就好了。孩子長大，我的人生就會好一點嗎？」

她眼眶泛著淚，內心又苦又澀。想起家裡那張白嫩嫩的臉龐，卻也捨不得說出那一聲「後悔」。

可是有了孩子後的路，真的好煎熬，真的可以相信不久後就能雨過天晴嗎？

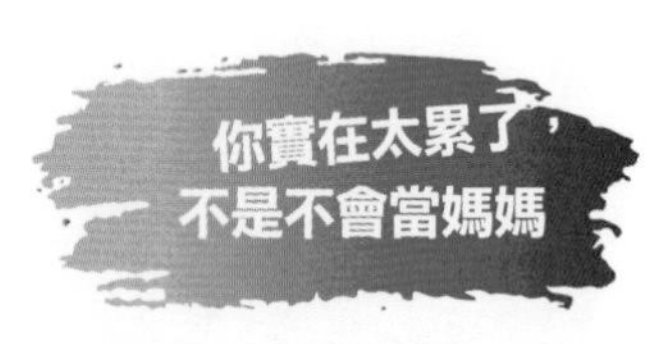

媽媽心中的掙扎與拉扯

「其實，我也覺得孩子最可愛的時候，就是睡著的時候。」這是我的肺腑之言。當真的有了孩子之後，我更能體會作為母親的身不由己，而無法用一堆粉紅色的泡泡來欺騙自己：「有了孩子，就是圓滿。」「一家人過著幸福、快樂的日子。」

我常餵飯餵了一個半小時，上一口還是二十分鐘前餵的，但現在還含在孩子嘴裡，孩子就是不肯咬，也不肯嚥下去。

原本說好的，孩子只能坐在餐椅上吃。現在為了可以早早餵飽孩子，收拾碗盤、餐具，出門辦事，早就讓她又趴又臥的在沙發上打滾，還開放她拿著小玩具，到處揮舞。

對於早就放棄「教養守則」而越來越消沉的自己，我忍不住想著這一小時要是我人在諮商中心，可是又接了一個案子來做呢，不知道產值有多高，而我居然還在這邊顧孩子。

我常常陷入這樣的掙扎與拉扯中：「朋友都在續攤，我卻只能回家哄孩子睡。」「大家到處出國打卡，我一想到帶孩子出門麻煩，自個兒出遊又對孩子牽掛，不如打消念頭，待在家。」甚至連自己最喜歡的白色裙、褲、高跟鞋，都會因為思慮到帶著孩子不方便、易弄髒，而早已習慣改成輕便的老舊運動裝束。

生孩子之前，我每週都能閱讀一本書，或瀏覽大量的網路影片，順便追個劇，又或隨手就可以寫好幾篇文章，但成為了母親之後，我很少有獨處與思考的時間。

大多時候，我都是圍繞著孩子打轉。就算我拿著書看，讓孩子在旁邊陪著玩耍，但我往往還看不到三頁，就得焦頭爛額地幫孩子收拾滿地被亂貼的標籤、貼紙，以及早就被她撕成一條條的新書書皮。

大概最能向人說嘴的，就是我女兒還算愛聽故事，我每晚至少都可以唸三至七本故事書給她聽，這也算順便解解自己閱讀的渴吧！

孩子與媽媽間的恬靜時刻

我總是在半夜聽著孩子因為鼻塞而震耳欲聾的打呼聲，又或是幸運偷得孩子已經被阿嬤帶去洗澡，自己得以靜靜躲在浴室淋浴的那些片刻。

那個時候，我的腦袋才開始啟動、運轉，並緊抓著靈光乍現的那幾分鐘，匆匆拿起手機，胡亂記下在我心底浮出的那些感受與反思，而這些，也只是為了幫自己的生活劃下幾筆痕跡。

不過，看著孩子睡著的臉孔，那真的是天使般的模樣呀！我既擁有了可愛、動人的寶寶，也抓住了屬於自己的恬靜時刻，因此，那一刻，我就好希望這樣的時光，能夠再長一點點就好了。

決定過的是糟糠人生，還是自得生活的人，終究是自己

其實，一開始，我會恐慌、埋怨、抗拒，並發脾氣。我想要跟家裡抗爭，我想要向先生討公平。為什麼洗孩子屁股的都是我？什麼叫做：「沒辦法，孩子只肯找你」，我就得待在家？但久而久之，我發現自己的模樣，連我都有點害怕。

我充滿委屈、覺得不公平、哀憐自己總是犧牲，於是內心有著滿滿的抱怨與不甘願。孩子只要黏我，我就覺得全家人都把這包袱丟給我。孩子從我身邊跑開，我又開始怨懟大環境讓我分身乏術，逼我在育兒與工作中做選擇。

憤世嫉俗讓我把責任都推給先生、推給家人、推給社會的不友善與男女不平等，但就是不願意自己做決定。

其實我很清楚，有得，必有失。我既不願意承擔每種選擇會出現的損失，又不滿於現在

手上已經捧著的東西。總嫌不夠多，家人待我不夠好。

放棄職業婦女角色，選擇成為兼職母親

而我越是委屈、忍耐，我先生就越是不解、暴躁，孩子也跟著不安、無措。我想要被理解，卻讓自己自怨自艾的樣貌，把親近的人推得好遠；而讓這一切開始有所不同，是我自己的「改變」。

為了不讓自己一直活在「夢想就此消散」、「我變成了黃臉婆」這種怨懟的負能量生活中，我決定讓自己提早轉換職涯。

我從朝九晚五的親子館穩定全職工作，轉換為時間、案量都不固定的自由接案，我成為多出許多時間帶孩子的兼職母親。

雖然一開始不是最理想的狀態，但好像我也從這樣的過程中，與生活、與孩子、與自己漸漸地妥協，也從中找到平衡。

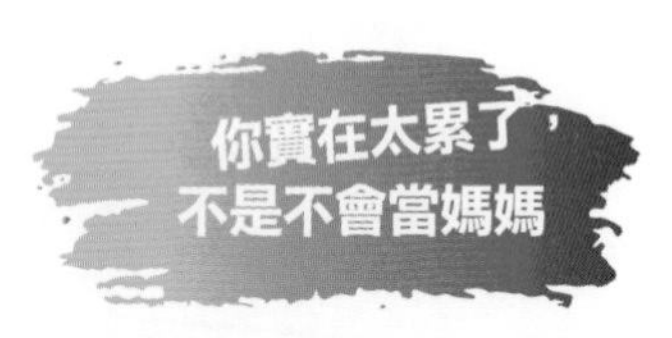

育兒生活，需要取捨

決定「改變」的那一刻，我才開始比較能夠去接受當下的不舒服，而不把力氣放在歸咎他人、埋怨世界上頭，**轉而去看見，我從這樣的不同中，獲得了什麼。**

我獲得的，也許是孩子的笑臉。雖然每天晚上都講超過一小時的故事了，孩子還不肯睡，但是看著她好忙碌的在書櫃前面翻來找去的背影，還有托著腮，專心聆聽的樣子，就讓人覺得窩心、值得。

我獲得的，也許是先生的示弱。雖然他打呼依舊大聲，一樣愛發脾氣，卻開始會在自己也出包後，傻笑、無賴地對我說：「所以我才挑你當老婆嘛！」讓我拿他沒轍。

學習用幸福的眼光，活在當下

現在，每晚我挺著懷著第二胎的肚子躺在床上，摟著孩子睡，還要一邊甩開孩子跨上來的短腿。雖然煩躁，但也覺得挺溫馨的。

雖然孩子沾滿屎的屁股，一樣指定要找我洗，而我有工作時，還得躡手躡腳，才有辦法偷溜出門。我的育兒路上，仍舊不是一路順遂，但整體而言，卻讓人感到幸福，又或者，我開始願意用幸福的眼光，去看待這一切我原本就擁有的事物。

我想起網路上那些父母分享「令人崩潰的瞬間」的討論串，不外乎是孩子亂開昂貴的乳液，塗了整身，又或是伸手抓了自己的大便，沾了滿地都是（我還有看過孩子吃了無辜的青蛙，媽媽崩潰地發現時，只剩腿的例子）。

父母本人急到跳腳，但有時氣歸氣，如果能莞爾一笑的接納，享受每一個當下，其實孩子也是會感受到的，而不是讓孩子戰戰兢兢地總看父母的臉色生活。父母若過度的計較與掌控，讓一切表面上看起來都沒有問題，卻會讓家裡每一個角色都活得不快樂。

從水深火熱的育兒中，找尋生存之道

「孩子長大，就會好了嗎？」

「不，孩子長大，麻煩也會加倍，但你從他身上感受到的愛，也會跟著翻倍。」

這是我當時給予眼前苦惱的母親，真誠的回應。

因為我自己也是每天都在水深火熱中，努力找尋一條生存之道的呀！而且我自己也才剛罵過孩子，不准她把咬過的東西吐出來而已。

我知道自己並不是至高無上的教養專家，更非完美無缺的優雅媽媽，於是**我更謹慎地提醒自己，不要用否認艱苦的現況來麻痺、說服自己「一切都會沒事的」，但也不代表在這樣的過程中，就沒有甜美的果實。**

其實，一點一滴的將這些與孩子相處的美好收進心裡，才能幫助我有更長久的續航力，繼續在荊棘路上前進。

育兒的困難不會消失（孩子大了，會反抗、表達自我，甚至進入了青春期、叛逆期後的挑戰還會更多），但我願意看見，我們能繼續創造出獨一無二的回憶與經驗，和我的孩子、另一半，以及我所有的家人一起。

如果人生可以重來，我想我還是會選擇擁有孩子。不是因為有了孩子，我才能完整，而是有了孩子，幫助我變得更成熟、完整。我開始思考什麼是我想要的，並更有動力與迫切地去達成。

媽媽也被孩子的愛灌溉、滋養著

我從養育孩子，看見自己的不成熟。我發完脾氣後，會對著似懂非懂的孩子懺悔。工作上遇到脆弱、無助的時候，我也會反過來，向孩子討一個抱抱跟親親。**我知道只要我肯給予，孩子也會義無反顧給我無條件的懷抱與愛。**

我放任自己，有時候玩得比孩子還瘋。享受久違的童心時，我也肯定自己的蛻變與成長。看著孩子竟也開始學著對剛出浴的我，裹上毛巾，還一邊說：「哇，你會自己洗澡了！」「我來幫你擦身體吧！」我也感受到被愛、被呵護與被需要的感覺——作為一個母親，不是只有一直被掏空而已，我也正在被孩子的愛灌溉、滋養著。

既然我走進了「家庭」這個坑裡，也貪戀與享受它帶來的好處，那麼，我也要把握這些有時苦、有時甜的變項，轉化成為我成長的助力，而非做了選擇，卻放任它成為阻力，把自己困在其中、停滯不前。

我曾在福音機構宇宙光的粉絲團，看見商志雍醫師分享的一段話。他提到「『愛』雖然是世界上最沒有效率的事情，一旦當你錯過或是放棄，你將會花更多的時間去建立愛的關係。」

我也從育兒生活與家庭經營中感受到，「愛」雖然無法衡量我能收到多少回報，但也從來就沒有人逼我，這是我發自內心願意給予，而這也幫助我豐厚自己，並讓我更珍惜當下的感動與親密。

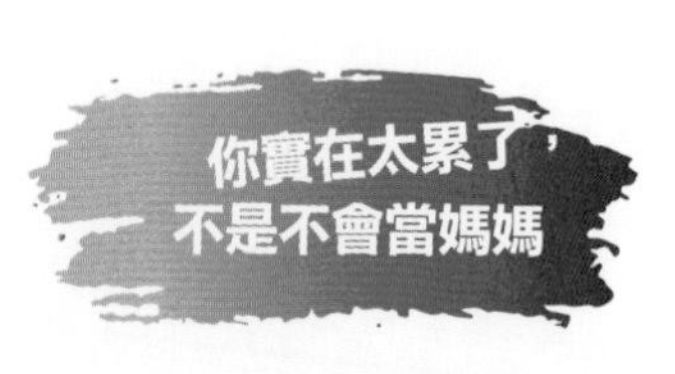

輯二 如何讓另一半從豬隊友變成神隊友？

「你在家又沒什麼……」「只是陪小孩玩……」——夫妻衝突演變為計較誰比較「犧牲」

「你在家又沒什麼……」「只是陪小孩玩……」「我在外面賺錢很累……」這些不太需要經過思索就蹦出的話，殺傷力是很強大的。

有一陣子，我突然很怕「被嫌」。例如，我洗澡洗到一半，女兒就在外面吵著要找我。我心急的隨便沖沖，想著趕快出來拍個化妝水，就把孩子接到手上來。沒想到，我才一開浴室的門，先生就把女兒一把塞過來，嘴裡還唸：「怎麼會有人需要洗這麼久？」

天知道，比起婚前小姐時期，我已經濃縮洗澡步驟，搞得自己膽戰心驚了，但卻連洗好澡、擦乾頭髮的餘裕都沒有，就迎來「洗太久」的抱怨。

先生的質問，好像都是在怪罪我做的不好

又或者女兒晚上跟著自己睡，卻老是睡不好。三四點時，小傢伙突然鼻塞醒來哇哇大哭，怎麼樣都沒有辦法哄。

我無奈地抱著女兒走來走去同時，還得面對家人被吵起來，且一一走出房門來關切：

「都半夜了，怎麼還讓她哭成這樣？」

女兒吵到家人，我也是膽戰心驚，而此時若是先生也跟著不解與不耐煩，我的脾氣也會跟著上火。

「你也拜託教一下，好嗎？我好不容易下班回家，還要聽孩子哭？」先生叨唸。

「我難道平常沒教嗎？你想休息，我不想休息嗎？」我忍不住回應。

「白天不都我媽在顧？你洗澡也洗很久！你自己要把休息時間用掉的。」

又來了！感受「被嫌」的那一瞬間，我心裡有好多反駁的話想說：「我洗澡是我必須要

花費的時間，跟放鬆、滑手機才不一樣！你工作，我也在工作。為什麼孩子晚上鬧，你想休息，我就得負責哄？」

我有很多情緒一湧而上。**那些先生有意、無意地質問與指責，都好像在怪罪我做得不對、不夠好，我所有的付出跟犧牲都被抹煞了，於是，隨之而來的委屈與不滿，馬上就變成尖銳的回嘴與辯駁。**

全職媽媽一點都不輕鬆

我急著想用舉例來證明自己有多辛苦，但卻一次次的被否決。

「在家又沒什麼……」「只是陪小孩玩……」「我在外面賺錢很累……」這些不太需要經過思索就蹦出的話，殺傷力是很強大的。

難道在家就很輕鬆嗎？當我們列出主婦一整天的工作清單，你會發現媽媽一整天下來，要在陪伴孩子玩耍的同時，顧及安全，還得抽時間把家務完成，且過程中還得精算孩子的作息時間。精準地在用餐時間準備好孩子的食品，並且在好不容易把孩子哄睡後，急急忙忙地轉身，將衣服收回，一一摺好。

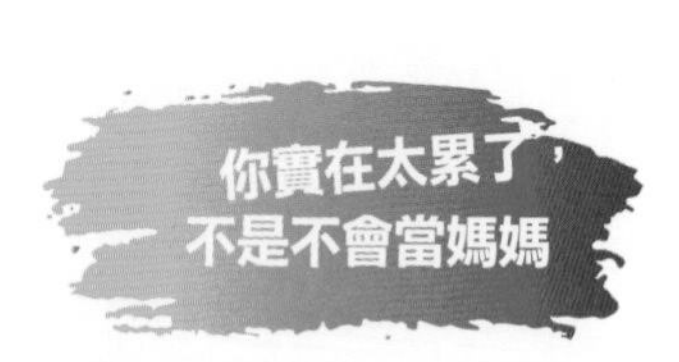

折騰下來，一天居然也過去了，然後又得慌亂地在孩子醒來後，張羅他的點心，並且思索如何在先生回家前，先把孩子洗乾淨，備好晚餐，等先生回來。而這只是到晚餐先生回到家前而已，但就已經好令人喘不過氣來了，對嗎？

偏偏這個時候，先生回來，還順口說了一句：「幫小孩洗個澡，怎麼浴室亂成這樣？」我想，這就足以讓媽媽的心，被直直敲入谷底。

太太希望自己的辛苦，先生可以「看見」

我突然可以理解那些來到我面前的夫妻，為什麼會突然在先生一個挑眉，或是一個疲憊的扶額動作後，太太就馬上氣得拍桌，邊哭邊指控：「你沒看到的時候，我累得像條狗一樣！你就只會在那邊指手畫腳、嫌東嫌西！」

因為太太覺得好不公平呀！她都這麼辛苦了，先生卻還對她不滿意。

是什麼原因讓媽媽變得如此緊繃？甚至連親密伴侶的一句話或是一個舉動，都好像是在挑釁自己：「你哪有那麼辛苦？」「這不是你應該要做的嗎？」而逼得太太要用激烈、跳腳的方式來為自己辯護、討公平？

我想起自己「被嫌」的那段時間，我連晚上陪孩子睡覺，都會不自覺地一直用line傳訊息給先生：「妹妹半夜睡不好，一直抓我頭髮、討抱抱。」「妹妹鼻塞一直打呼，明天帶她去看醫生好了。」「好崩潰，三點又起來夜奶。」

我好像流水帳似的向先生報告，而如果隔天早上起床，沒有聽到先生回應：「昨晚還好嗎？」而只是已讀不回。那麼，我會在接下來的幾個晚上，繼續用line訊息實況轉播。仔細想想，若是我先生隔天早上才打開手機，那些雪片般飛來的訊息，應該就像連珠砲般的轟炸吧。

我發現那是自己面對獨自帶孩子時的微妙心理。好像看似不吵醒先生，讓先生可以好好睡（事實上，爸爸們幾乎都有內建呼呼大睡、吵不醒的功能），但卻又希望先生也能感受到「原來，連陪孩子一起睡覺都這麼累」。

想把全家弄醒，來讓他們體會自己的辛苦

每個晚上面對孩子睡不好，我抱著孩子又拍又哄，我的心也好累。當孩子就這樣緊抓著自己，雖然她不哭鬧，但也無法放手，讓我躺平好睡的時候，我就會開始怨懟了起來，甚

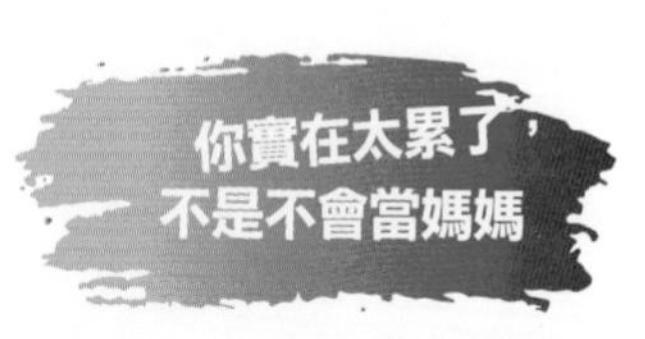

至會有衝動，想把全家都弄醒來體會我的辛苦。

於是，我泡奶弄得砰砰作響，半夜也又傳一堆訊息給沉睡的先生。我就是希望有人可以瞭解，每個熟睡的夜晚，我有多煎熬——孩子半夜的翻滾躁動，對我都已成了習慣。我是連孩子睡覺時，都在繃緊神經的工作呀！

正是因為這樣的情緒沒有被看到，因此讓每次夫妻之間的衝突，不知不覺地吵到後來，都在計較公平。

夫妻越爭越瑣碎，越去計算，越容易撕破臉。

我甚至有過跟先生爭執洗澡到底要洗幾分鐘，還有晚上顧孩子睡覺的時數，應該也要算進分攤時間裡，才算公平。

事後想起來，雖然覺得荒唐，但當下的我們，都被挑起自我防衛的機制，並且渾身帶刺地拚命尋找對自己有利的證據與條件，攻擊對方、保護自己。

不過，這對我們的衝突毫無幫助。問題沒有解決，在育兒的任務上，也更加分歧。

太太也是渴望被呵護與照顧的小女人

其實，我只是希望他能看到我的「犧牲」而已。

「犧牲」是個摻雜很多細膩情感的付出行為。對媽媽而言，我的確在屬於我自己的生活中，選擇了切割大部分的時間，而決定好好地以孩子為主。

我只看著孩子，並為孩子做任何事。雖然這個行為是我自己選擇的，但卻也是我拿自己的時間、原本可以有的外在成就，甚至是用來自我照顧的愛與心力去換來的。

我固然無私給予，但深信這樣的付出是值得的。因此，**當付出耗竭的時候，我也希望有人可以同樣的用愛與支持來灌注、滋養我。**

於是，當我的另一半將我的付出視為理所當然，甚至讓我感受到「你應該要更好」的時候，這便讓我的匱乏更加的無力。

作為一個堅強、能幹的母親，但我的內在不過是個渴望也被呵護、照顧的小女人呀。

可是，「犧牲」這個詞也很容易挑起另一半的怒火。「如果你不甘願，那就不要做呀！」「那我這個當先生的苦，有人看見嗎？」好像自己默不吭聲地在外承擔，也被自己的伴侶視為應盡的責任義務。

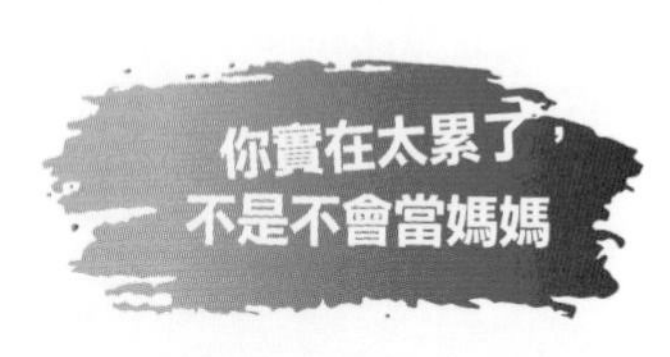

先生拙於承接太太的負向情緒，急著想幫忙解決問題，卻被說成不理解、不貼心。明明先生也是在意這個家，才想要出意見、出主意的，但一出聲，太太的激烈反彈又把自己說得好像獨裁指揮官，讓太太覺得先生不公平，但先生也是為了家庭付出呀。

這中間到底出了什麼問題，讓夫妻雙方都陷入計較付出多寡與爭論輸贏的衝突，並讓愛消失殆盡呢？

太太希望有人可以「理解」她的努力

如果，我們沒有好好覺察「自己的犧牲需要被看見」這件事，很多人都會誤會問題出在「有了孩子」上頭。

許多夫妻來到我的面前，總是哭訴有了孩子前後，彼此態度的落差。質疑對方是否變了心，以及自己心境疲憊與無奈的變化。

但當我自己也有孩子之後，我才深刻地感同身受。**當我出現「犧牲」的感覺時，我並不是真的在抱怨，而是希望如果有人可以理解，我會很願意再繼續努力。**這是我的選擇，我沒有不甘願，也不後悔，但是我更希望對方也能站在我這邊，我會變得更有力氣堅持下去。

「感到犧牲」與「我願意去做」是互不相斥的兩件事，而透過看見彼此的苦，這件苦差事可以被堅持下去，甚至能夠苦盡甘來，看見孩子健康長大，或是終於擁有一家三口的小套房，而感到值得與欣慰。

許多人當上了爸媽，重心就繞著孩子打轉。一旦孩子難搞、不配合時就容易引發衝突，然後怨懟另一方，沒有善盡「父母」的職責，卻忽略了我們也是彼此的「伴侶」、共同打拚的「隊友」。

明明我們都想為了這個家好，卻總在爭執中，迷失方向，變得互相拉扯與爭輸贏。有幾件事，我覺得可以提醒伴侶，如何從對立的關係走回攜手合作。

一、安撫伴侶的情緒，比安撫孩子重要

我的心理師夥伴黃柏嘉曾問了我一個問題，當時震撼地扭轉了我的慣性思考：「如果另一半跟孩子同時在哭，你會先去抱誰？」

多數的先生，甚至包含太太本人，都會自動化的反應認為孩子需要先去抱，甚至有的還會在心裡嘀咕：「大人有什麼好哭的。」

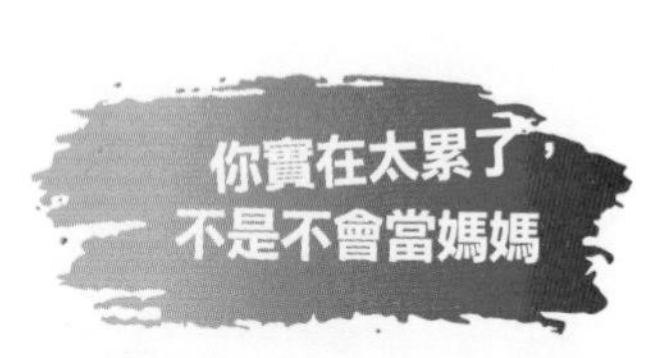

但站在媽媽的角色時，我卻發現自己好渴望「我先被安撫」。**如果孩子半夜哭啼，先生醒來，關心我，且問我：「還好嗎？」在那一瞬間，我其實就有了力氣跟他說：「不要緊，我來就好。」因為，我會感到自己是被陪伴的。**我不需要花力氣，一邊顧孩子，還要一邊對抗先生的指責或不理解。

安撫另一半的情緒，其實不是一件容易的事。因為我們視孩子是脆弱的，而成人有能力解決問題，但卻忘了，「照顧對方情緒」這件事，讓你可以先將這個有能力的人拉過來，成為自己的隊友，然後你們就可以共同一起來協助脆弱的孩子。

孩子有時的確就是個小麻煩，沒有ＳＯＰ，可以一招搞定，但急著先把責任推到對方身上，不會幫助孩子止住哭泣，但是獲得一個隊友，可以讓我們有更多力氣，一起面對孩子哭泣造成的壓力。

二、情緒上頭不去談公平

有些媽媽應該會很苦惱，要是先生看不懂第一點，該如何是好，難道還要媽媽去安撫先生的情緒嗎？

其實，**「關係」是互動出來的結果。願意先改變的人，不是認輸，而是代表我想要讓關係能夠更好一點。**彼此的脆弱，會在衝撞的時候，變成利刃傷害對方，因此如果我願意先做承接，對方變得柔軟後，也會長出互相照顧的能力。

因此，若是先生帶孩子出去玩，結果跌了一跤回來，我能先給予穩定的回應，例如我問先生：「孩子大哭的時候，你還ＯＫ嗎？」而非「怎麼你帶出去就這樣？」或「上次我帶孩子受傷，你就罵我，現在你自己還不是這樣？」就能先終止老是在衝突時計較公平的惡性循環，並**開始累積親密關係中「我看見你的努力」的基礎**，甚至增加彼此的能力，去聆聽雙方在關係緊繃時候的內在需求與脆弱感受。

三、我們擁有共同目標

也許，這次我跟先生的衝突無解，但我可以開始決定不先去談公平，而是努力聚焦在「共同的目標」上，比如：「我也擔心孩子吵到大家，你先幫我關門窗、泡奶，我來帶孩子回房間，讓她安定下來。」而不是急切地指責：「那你怎麼不趕快去泡奶？」

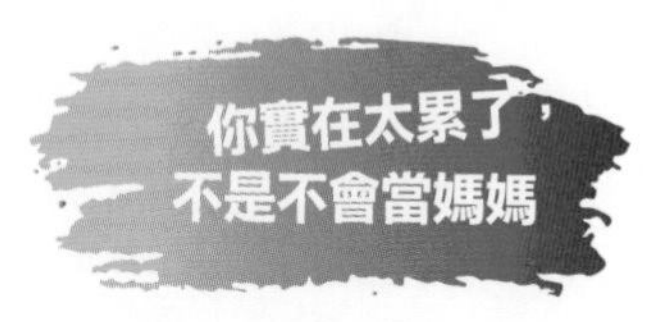

透過穩定、清楚明確地表達共同目標，我們也在帶領情緒上頭的另一半，跟自己一起朝一樣的方向合作，無須先浪費力氣在彼此的抗衡上。

當孩子穩定下來後，通常父母雙方的情緒也都冷靜了一大半。理智恢復後，我們才有機會再去溝通，例如，討論之後可以如何分工，或者彼此需要什麼樣的幫忙。

在當爸媽之餘，也別忘了彼此還是夫妻。孩子長大了，終將會離開，而**另一半才是得一起牽手走下去的那個人**——開始看見彼此的付出，我的犧牲才會變得值得。

爸爸帶孩子，有呼吸就好?!

對於育兒，許多太太都決定乾脆全都自己來，但卻也在無奈中，養成先生「都交給你就好啦！」「反正你也不滿意」、「沒有辦法，小孩只黏你」的惡性循環。而太太在當中，又急又氣又疲憊。

我還記得生完孩子不久，結束產假，回到工作崗位後，第一次與我的好姊妹相約在住家附近的百貨公司吃晚餐。我先生拍著胸脯，要我儘管去享受女性時光的模樣。

我先生作為一個也在摸索的新手爸爸，他有著想要體貼太太，但又能享受被女兒黏膩的

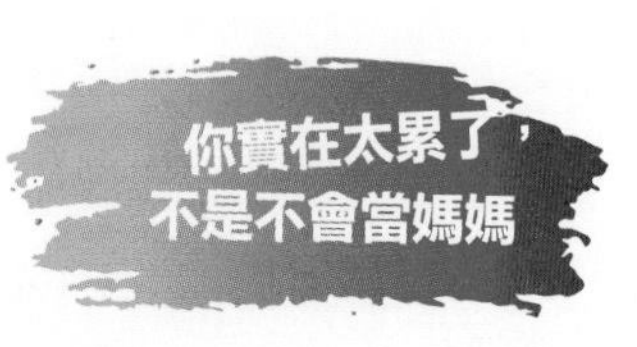

玫瑰色期待，甚至當他一人背著背巾，懷裡揣著小孩，走進百貨哺乳室，要幫孩子泡奶時，我彷彿都能感受到先生也沉浸於旁人對於他這位奶爸的讚嘆與敬佩氛圍裡。

嚇人的一幕

只是身為孩子媽媽的我，一切看起來可就沒有這麼浪漫了。

當我跟朋友晚餐吃到甜點時，我的友人突然瞪大眼睛。隨著我的疑惑轉頭，我們一同迎接我先生帥氣的單手抱著女兒登場。

「等等，你就這樣出門？」我問先生。

「啊？」先生一臉疑惑。

「尿布呢？」「小水壺？」「奶嘴也沒有？」我連續問。

「不是呀，走過來不就十分鐘而已？」先生仍然不解。

「然後只有一件包屁衣？」我不停歇……

那時大約晚上九點，我望著女兒露在外面兩條光溜溜的小火腿，突然，一時之間語塞，說不出話來。

我的心裡瞬間浮上很多焦慮與不安。待會兒孩子哭了，該怎麼哄？如果孩子拉屎了，該怎麼辦？回去如果著涼了，豈不是又要被長輩叨唸？

而一切對於孩子的憂心，又在先生看似漫不經心地回應中，我漸漸地火大起來：「你就只想著自己出來方便就好，待會兒孩子哭鬧，還不都丟給我！明明說好要讓我悠閒吃晚餐的。什麼享受女性時光，分明是在家跟孩子也玩不下去了，才急忙帶出來的吧……」

我突然可以理解那些對於媽媽「爆氣」的形容。

先生變長子，還成為豬隊友?!

生了孩子之後，彷彿一胎變兩胎，先生變長子。原本期待可以分擔育兒勞務的隊友，瞬間變成扯後腿的豬隊友。

我看不下去了，像個老太婆似的唸東唸西，但即使氣到內傷，事情也沒有處理好，我先生甚至還無知無覺。

難怪許多太太都決定乾脆全都自己來，但卻也在無奈中，養成先生「都交給你就好啦！」「反正你也不滿意」、「沒有辦法，小孩只黏你」的惡性循環。而太太在當中，仍

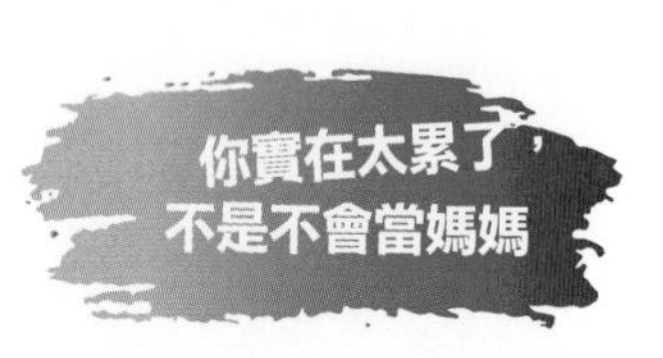

然又急又氣又疲憊。

媽媽又氣急又嫉妒的複雜心情

除了氣急之外，其實，有的時候，我也會感到嫉妒。

孩子髒兮兮的回家，還想要東摸西摸，收不起玩心，我卻總想要先把她身上的衣褲換下，但往往就換來她的哭鬧掙扎與反抗，而當爸爸一出現，見風轉舵的小傢伙，馬上就巴上去，黏著爸爸要煮麵吃。

看著父女倆開開心心地黏膩在一起，我彷彿看到情人與小三的調笑一般。我的怨婦心情不言而喻。

而當他們玩到開心之處，這個迷你小三居然還端著假菜、假肉，也要給我吃。讓當下的我不僅吃味，還有滿滿的不平。

明明就是我跟在你屁股後面忙東忙西的，我自己的事情都還沒顧上，滿腦子就只是為你好，卻還被你推開。反觀孩子的爸爸，什麼正事都沒做，衣服沒換、玩具滿地、尿布一大坨還掛在屁股上，就只知道陪你玩，然後你們兩個笑得背景全是玫瑰花，多麼開心。

當我開始對先生感到不滿的時候，過去那些怨懟情節，就有如自動開啟的跑馬燈一樣，突然之間好清晰地一一在我眼前播放，為我即將脫口而出的指責與抱怨，加足最後的馬力。

回過神來，當我正要對什麼都沒帶的先生開砲的時候，一切都被朋友看在眼裡。朋友搶在前頭提醒我，對我笑著說：「可是，你看，就真的也沒事呀！」

媽媽做得好，就活該多做嗎？

「孩子只要還有在呼吸就好。」——這好像是很多人在面對爸爸育兒，常常告訴媽媽的玩笑話。

不過，的確也沒錯呀，孩子也是活得好好的。那麼，到底自己都在忙些什麼呢？

回顧每次出門，目的地不分距離遠近，包包總是好大一包，但是真的用上的機會沒有幾次。真正有需要的時候，往往在百貨公司、捷運站等地方，也都有許多濕紙巾、尿布、熱水等設備用品。食物剪刀也不需要每次都派上用場，婆婆用一雙筷子就可以把食物分得小塊，容易入口，比起兒童筷、兒童湯匙，我的孩子更喜歡拿著跟大人一樣的餐具，和我們一同進食。

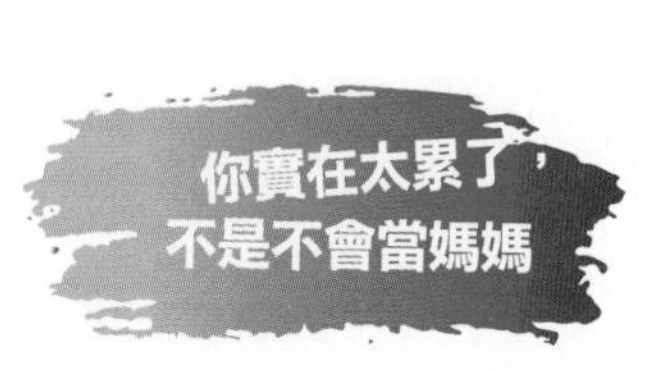

所以當我把沉重的包包背出門，裡面除了小餅乾被吃完了之外，其他的東西，都原封不動的整包背回家。

仔細一想，我的先生也並非是那一種跟我在教養觀念上全然不同的人。我不太需要為了兩極的價值觀跟他奮戰，只是很多小細節上，讓人難以入眼，因此，我會覺得還是自己來做會比較順心，但久而久之，那樣「做得好，就活該多做嗎？」所累積出來的負面情緒就迸出來了。

女兒都只要爸爸幫忙洗澡?!

我發現，**媽媽都是「趕快」、「不可以」，但爸爸幾乎都是「好啊」、「來吧」**。我也發現，父女與母女的互動是截然不同的情景。

我只要一回家，就急著問孩子要不要洗澡。等費了好大的功夫洗完澡後，又緊盯著孩子有沒有大便、什麼時候刷牙。

孩子覺得我好煩，因為我總在孩子屁股後面追著跑。但是，孩子跟爸爸在一起就覺得好好玩。雖然爸爸總是懶得回家先洗手，但從不吝嗇給予衝上前的孩子一個擁抱，也不管人家願不願意，反正低頭就是一陣猛親。

興致一來，還會抓著孩子的腳，來個即興倒掛，逗得孩子咯咯笑。有時都引起孩子的一陣咳嗽了，笑聲卻還停不下來，然後孩子回頭看到我一直追問：「你到底有沒有要洗澡？」我女兒竟直接回答我：「我要爸爸洗。」

為什麼我不嘗試乾脆好好放手，就讓父女倆形成專屬他們的特別時光呢？

明明自己也是一個心理師，但我必須要很坦誠地面對，我其實也花了很多時間，才有辦法好好消化孩子竟然在爸爸跟媽媽之間，選擇了爸爸，而且還持續了一段不短的時間。

我的女兒都只要爸爸幫她洗澡，後來先生幾次出差，我女兒不情不願，終於「開放」媽媽也幫忙洗澡了，但她卻非常認真地告訴我：「我不要弄到眼睛唷！」

我感到詫異之餘，特地找了時間詢問我先生，他到底都怎麼幫孩子洗澡的。

「咦？難道你不是這樣做的嗎？」我先生大概沒想過已經習慣這些事都自己來，才會比較滿意的我，居然反過來問他這個問題。

先生說，他都先問孩子：「想不想在洗澡的時候，玩公主的遊戲？」然後就輕鬆地，把興致勃勃的孩子拎進浴室。

從看著爸爸放水開始，我的女兒就開始期待接下來的玩樂時光。然後，她乖乖的被爸爸

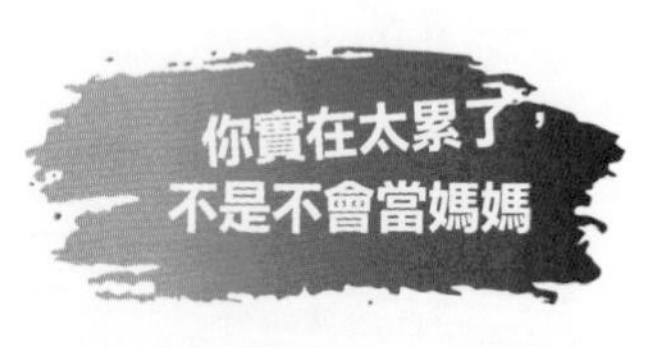

抱在懷裡，躺在爸爸的膝蓋上，讓爸爸將自己頭上的泡泡，堆疊成各種模樣（我先生還會把孩子抱到鏡子前，讓她欣賞自己的滑稽造型，而他們稱之為「公主」的樣子），最後開心地把泡泡沖掉，女兒再自己乖乖進到洗澡桶裡泡澡，也為這段洗澡時光劃下句點。

我很驚訝，因為我總是很焦慮的覺得對於洗頭，孩子比較容易抗拒，所以反而很執著要先完成這項任務。

嘗試過哄騙孩子，但孩子不願妥協後，我便會焦躁地直接把孩子放進洗澡桶裡。等她開始比較沒有防備的玩水時，我就會趁勢，偷偷幫她抹泡泡、沖水，並用毛巾胡亂地擦乾，怕她感冒，但被發現後，孩子往往就會哇哇大叫，然後百般抗拒。

這也難怪，因為**我總是要完成「任務」**，**而爸爸是真的想跟孩子「在一起」**，所以作為媽媽，我常常對爸爸的沒有用心感到生氣，又為孩子的不配合感到氣餒，久而久之，自然而然就很吃味地覺得自己老是被這對前世伴侶給欺壓。

爸爸也有與孩子貼近的心理需求

很多媽媽沒敢放心到讓「長子」自己來帶孩子，如果是這樣，那麼，就會像我一樣，把自己弄到吃力不討好的困境。

如果媽媽看到先生試圖靠近、嘗試照顧孩子，就習慣性的指手畫腳與嫌棄，那麼，先生們調適的方式，不是寄情於工作，就是更樂得享受自己的單身時光。不知不覺間，就變成媽媽得顧整屋子大小孩跟小小孩的慘烈循環。

其實，孩子如果什麼都只要媽媽，爸爸也會感到吃味的。

對爸爸來說，孩子不要自己就算了，如果自己的太太還被搶去做專職媽媽，那麼我在這個家裡的位置到底算什麼呢？因此，也許願意當長子的父親，還算是比較會安慰自己的，也不一定。

而如果在夫妻的親密感盡失的這關過不去的先生，就會出現在我的諮商室中了。**有的時候，並不是先生沒有意願，而是他一直沒有機會被太太看到作為父親的能力，或是能夠親自下海，帶孩子嘗試看看，並被肯定「這也是一種與孩子的相處方式」。**

曾有媽媽向我抱怨，當自己忙著房裡工作時，孩子面對電視跟爸爸，居然說只要電視時，她心中也不禁嘀咕，丈夫都不會帶小孩。可是對於爸爸來說，面對孩子殘酷的選擇，他內心該有多沮喪呀！

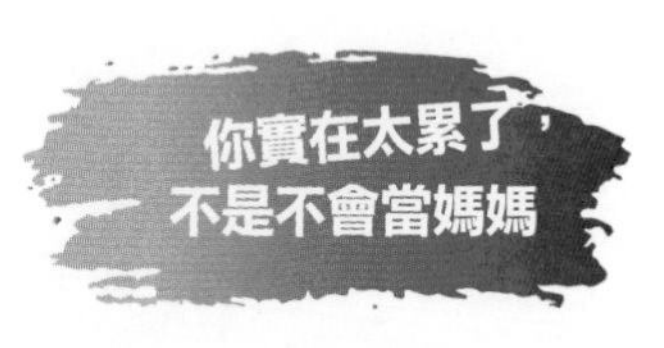

不完美，才是日常生活

在那之後，**我開始努力學著抓住一些「享受當個長女」的機會。**有一次，我先生再次拍著胸脯說要自己顧小孩，要我心無罣礙的去逛個街、買衣服，甚至帶個手搖飲回來，犒賞一下自己的嗜甜饞嘴。但沒想到，我才走到離家一個捷運站口的百貨公司，手上挑了兩件褲子，才準備要試穿而已，就接到先生的求救電話，背景還伴隨著孩子的哭鬧聲：「孩子大便了，只肯讓媽媽洗屁股！」

我得承認當下的自己百感交集，但更多的是，忍住口的震怒與責備。

我沉住氣的告訴先生：「我會盡快趕回去。」

想不到過不到五分鐘，先生居然又來電告訴我：「要我繼續慢慢逛就好，我會把孩子帶出去，陪你一起逛街。」

劇情發展當然沒有心靈叢書般勵志，我先生怎麼可能洗好孩子屁股呢？當然是直接帶出門囉！

當我買完東西，走到約定的樓層，與他們碰面時，只看見父女倆笑嘻嘻地邊打鬧邊等我。女兒果然滿屁股重重的、臭臭的，但卻一臉開心地要我帶她去洗屁股。那一瞬間，我竟然放鬆地笑了笑，然後無奈地抓著孩子去換尿布。當心態一轉換，事事的不完美，好像自己也能輕鬆看待。

開始欣賞先生的育兒方式

我看見自己在與孩子的關係中，仍然有「被需要」的需求，但**偶爾也想要感受到先生「我願意分攤」的誠意**。既然我自己也捨不得完全放手，那麼，這樣的任務被先生半吊子的經手，再由我來俐落地收尾，好像也還算不錯。

我開始試著欣賞先生獨自育兒時，總是傳來孩子古怪睡衣穿搭的照片。我接受父女倆老是不正經地玩著洗澡與刷牙時的公主（又或是不知道什麼角色）遊戲，我也變得更能享受我們夫妻輪流帶孩子，讓彼此放風的時候。

當孩子不在我身邊，而我也不用去擔心、掛念的時光，有多珍貴呀。

既然只有爸爸才有力氣舉著孩子飛高高，那就放心，也放手，讓他們盡情享受這樣的翻滾時刻吧！

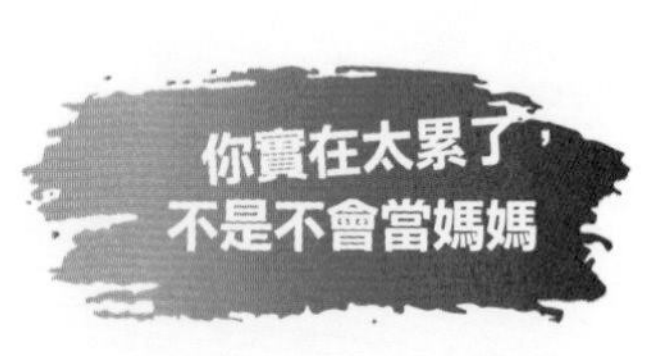

我對你的愛，在婆媳姑嫂問題中消失殆盡

不要去攪和不屬於你的事情。大至先生家的貸款，小至婆婆的廚房用具往哪裡擺。你只要負責和先生溝通，他可以怎麼做，會讓你安心，又或者你能幫忙些什麼，讓他能夠好好回應那個他已經花了三四十年抗衡的原生家庭。

「我媽就是講話難聽，你幹嘛這樣？」阿哲試著告訴太太。

「我媽有這樣對待你嗎？為什麼就要我忍耐？好像回嘴就是我的問題？」太太開始不滿。

「我吃你家、住你家，沒錯，但我也是委屈自己，配合你們、配合大家。難道你不能為我多想一點？」太太越說越覺得不公平。

「沒有人要你委屈呀。如果換成我住你家，我也願意幫忙做家事、打掃呀。不然，換你出門工作賺錢？」說到後來，阿哲自己也有點惱火。

我腦海中環繞著那些在諮商室中大吵、互相指控、淚流不停的夫妻們爭執的言語。他們亂紛紛的互相丟擲，顯然已經不希望對方能夠承接、理解，但希望至少可以打中對方，好讓對方感受到自己所受的苦，正如這把利劍深深刺進我身上那般難受。

他與原生家庭的衝突，巧妙而隱晦的轉嫁到伴侶身上

過去的三十幾年，阿哲都這樣熬過來了。從反抗、無力到學會忽視，來換得在家中的安身立命，但沒想到結了婚，太太與媽媽一碰在一起，就炸出火花。

「我覺得問題沒有這麼嚴重。我媽也不是沒有接受她，但她就是激不得，無法忍受讓老人家唸個兩句。」

這話，若讓太太聽到還得了，阿哲自己也很清楚，但他的感受很真實、沮喪。他很困擾

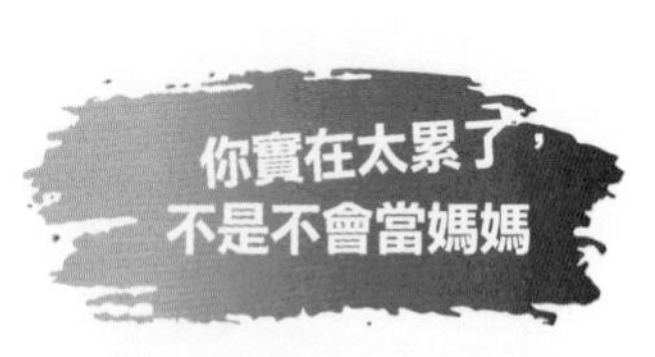

為何「沒什麼大不了」的事情，卻讓兩個女人一觸即發。他連滅火的機會都沒有。

其實回顧阿哲一路的成長，才發現他早已習慣用沉默回應，來敷衍母親的激烈索討。正當阿哲母親覺得心灰意冷、死馬無法當活馬醫時，「媳婦」這個新角色出現了。阿哲母親想，兒子都不理我，媳婦總該聽我的吧？於是阿哲母親又開始把所有的期待、要求，一股腦地開始往媳婦身上丟，希望自己能對兒女有所影響與改變。

豈料媳婦的反抗與不聽話，比自己的兒子更難以令人接受與原諒。畢竟不是自己養了三十幾年的孩子呀，外人般的情感基礎，卻又要被當自家人的標準看待，婆媳關係自然崩解、破裂。

但婆媳彼此之間，卻還期待要和諧共處，這讓大家都苦不堪言，也無法好好釐清，到底誰該為這件事負責。

別把對方原生家庭的責任與問題，都往自己身上攬

「老二的太太都很節省，冷氣都沒有開，吹電扇就夠了，很貼心欸。

「你又買新衣服啦？這件多少錢？我看老二的太太都穿那幾件而已，可是都還會記得母

親節也給我紅包。

「我不是真的要跟你要紅包啦，我有需要跟你拿嗎？我又不是沒有錢～」

月麗的婆婆很習慣索討，她在諮商了幾次後，比較能夠跳出那個被勒索的受害者角色，不過，月麗發現婆婆對其他人，也是這樣。

婆婆向女兒抱怨兒子員工旅遊不帶她去、向兒子抱怨丈夫去跳土風舞就穿得漂漂亮亮，卻從不帶自己出門吃頓好的、向丈夫抱怨大媳婦給她帶孫子，給的孝親費卻沒有二媳婦多。

月麗把婆婆的故事拼湊起來，開始慢慢理解，那是婆婆從出生以來，在物質與關愛的匱乏之下所帶來的不安全感。好像不這麼伸手要，大家就不會看見婆婆的需求，但婆婆又希望她的孩子們可以把她這麼辛苦的母親放在心上，不是她喊聲要了，才一副勉勉強強應付的模樣。

「但是，憑什麼婆婆就可以這樣勒索我？我又不是她的孩子。」月麗有點沮喪地說。

「是呀，所以**你要做的，是劃下跟婆婆的心理界限。『她不滿，不代表我這媳婦不好』，才能讓婆婆的索討，回到她跟你先生的親子關係上**，才對呀！」我這麼回應。

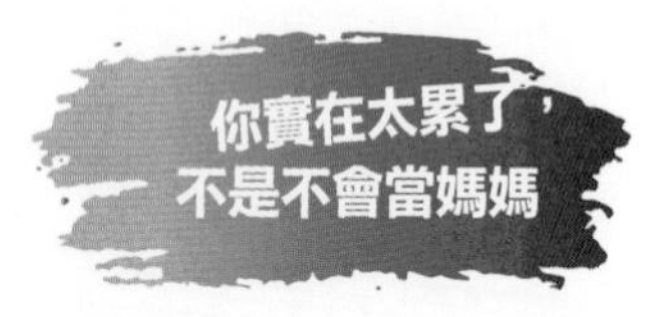

婆媳之間相敬如賓的關係，較為健康

心慈決定自己買個小冰箱，以免一天到晚被婆婆說，冰箱裡都是她的東西。其實，心慈才不喜歡自己冰的面膜，也都沾染著冰箱的魚腥味。而且，當時還被婆家酸：「對啦，我們家的冰箱就是又舊又醜啦，你看不上眼。」結果樓下冰箱壞了，小姑想借自己的冰箱，冰公司團購的東西，被心慈以空間太小拒絕，心慈居然被說：「借一下也不行，我們家也都讓你住這麼久了！」讓心慈當晚立刻跟先生大吵一架。

心慈一邊哭，一邊滑著手機。她搜尋591租屋網，心裡還不時想著：「我都這樣了，是你們逼我要劃清界限的！」

「我並沒有要我的公婆把我當自己人，因為他們本來就不是我的爸媽，但我覺得現在這樣的關係，快讓我抓狂了！」心慈聲淚俱下。

婚姻本來就應該劃清界限，但在傳統亞洲「大家都是一家人」的文化下，甚至可能從子女交往的那一刻開始，就是兩家人的事。於是「你的」就是「我的」，「我應該」的，就要「你也應該」比照辦理。

其實，相敬如賓的關係一直以來都比較健康。但為什麼一旦被要求稱呼對方的母親為

「媽」，自己就得對待婆婆如自己的父母一般，要像神主牌似的供著？回到我的原生家庭，我即使對著自己的媽媽大吼大叫，也會被原諒，對著自己的媽媽耍賴、哭泣，也能獲得擁抱呀！我寧可我們當彼此是客人，是互相禮遇、尊重的關係。如果發現彼此興趣相投，就靠近一點。如果意見不合，那麼，就各退一步，沒有必要為難彼此。

婆媳姑嫂的問題，應該要回到伴侶的關係處理，比較單純

「我先生一天到晚喊窮，孩子的奶粉、尿布錢都我出，也沒關係，可是他一邊抱怨婆婆的需索無度，卻又一邊拿錢出來。我叫他不要再匯錢過去，反而被他說我就是自私，不懂得父母的養育之恩，以及跟他維繫關係的辛苦！

「我當然也覺得公婆的房子給我們住，是一件感恩的事，但是貸款也都我先生出了，現在老人家退休，想到處旅遊，手上缺現金，就又把房子要回去賣掉，那我們到底算什麼？」

很多太太來到諮商室中，不悅地講述在丈夫身上看到的不平等待遇，氣憤地有如自己受欺負與委屈一般。偏偏作為伴侶，想幫忙先生解決，但真的站出來，抱不平了，卻反而被

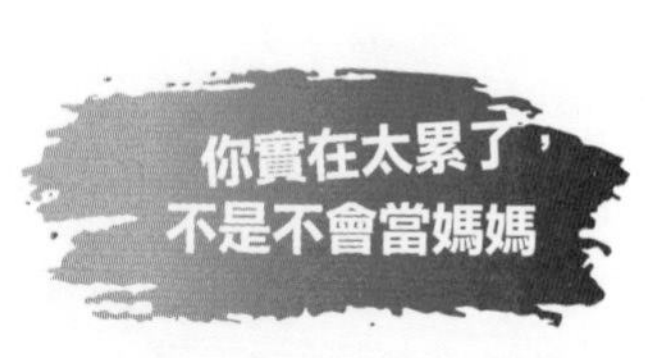

伴侶將了一軍，指控自己不懂事與不體貼，讓先生難做人，自己在婆家也「黑掉了」。

太太落得兩邊都不討好，賠了夫人又折兵。太太處在尷尬的關係中，也更顯得孤立無援。

兩個人相愛、結婚，固然是帶著彼此的原生家庭，以及各自生命中未解決的議題結合，但不代表你得要這樣不分你、我的，涉入彼此的議題。

很多太太會害怕，擔憂如果自己不處理，這灘渾水會蔓延到自己身上，到時候錢還不是要從自己這邊討。可是討錢這件事，應該也是先生要回到「伴侶關係」中，和太太討論，能否支持自己，幫助自己面對和原生家庭的困難，而非太太直接去與公婆對抗或爭取。

不要去攪和不屬於你的事情。大至先生家的貸款，小至婆婆的廚房用具往哪裡擺。即便看不順眼，那也是先生和他原生家庭要處理的事情。而你所感受到的不舒服，應該要回到你與伴侶的關係中去表達。你只要負責和先生溝通，他可以怎麼做，會讓你安心，又或者你能幫忙些什麼，讓他能夠好好回應那個他已經花了三四十年抗衡的原生家庭。

不要急急忙忙的好心幫忙，卻搞不清楚人家累積數十年的複雜原因，就想自以為聰明的插手解決。

親密關係的經營已經這麼不容易，我們卻讓踩踏各自的原生家庭的界限來消耗彼此，這其實是很可惜的。

如果對方還沒意識到這件事，那麼就**由你先開始為自己劃下那條心理的界限**，例如你可以對另一半說：「我在你家庭中所感受到的不舒服與困難，能不能先回到我們的親密關係中來處理？這部分，你能理解我，就足夠了。」因為**當你能感受到被陪伴與支持，你也無須透過攻擊他們，來突顯你對另一半的需要。**

我們並非要讓伴侶的家人有所改變，但很多時候，讓先生最深愛的兩個女人，維持美好的距離，總比綁在一起，卻互相厭惡，來得舒服與長久。

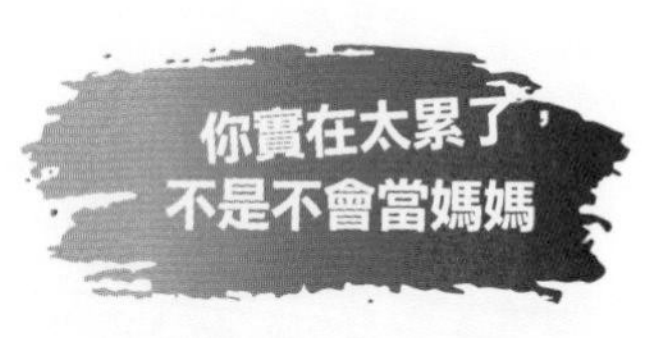

「你得陪我一起苦」，才是互相扶持的愛？

——劃下底線，拒絕過度消耗

媽媽的價值，要建立在那些「我喜歡」、「我甘願」、「我值得」的事物上，而有些自己並非不願意，但的確很折損能量的付出與犧牲，媽媽必須先為自己劃下底線，拒絕自己的過度消耗。

「在一起前，我會說我其實沒那麼黏人。我喜歡我們可以舒適地一起待在家，他做他的事，我做我的事。你不覺得那樣的畫面很美好嗎？

「可是在一起後，我住進他家，他還真的就是醒著打電玩、睡著雷打不動，完全沒有想要陪我的意思！我是不黏人，但也太沒有在一起的感覺了吧？把我當空氣嗎？

「於是我就沉住氣，不吭聲。午餐不吃了，我也不想買，看他什麼時候會發現我生氣，但他睡飽之後，竟然也不覺得怎麼樣，就這樣讓我餓著回家。事後一問，他居然說：『你好像也不餓，我送你回去之後，就自己在家弄泡麵吃呀！』」

在咖啡廳裡，蕙庭一開啟對男友的抱怨，就沒停下來過。

「給予彼此空間」？

蕙庭一方面想表現得大方，讓伴侶能夠好好做自己，但又不甘願自己還真的完全沒有被對方放在心上。

其實回到內在的渴望，蕙庭抱著小女友的撒嬌心態，她想要的是兩人可以一起窩在沙發上看電視，不用特意做什麼、聊什麼話題，就可以擁有緊緊依偎在一起的親密感。

蕙庭期待不需要刻意表達，對方也能敏感與關照自己的感受與需求。然而，話一說出口，「各做各的」、「給予彼此空間」便成了男友的解讀。男友也樂得享受屬於自己一個

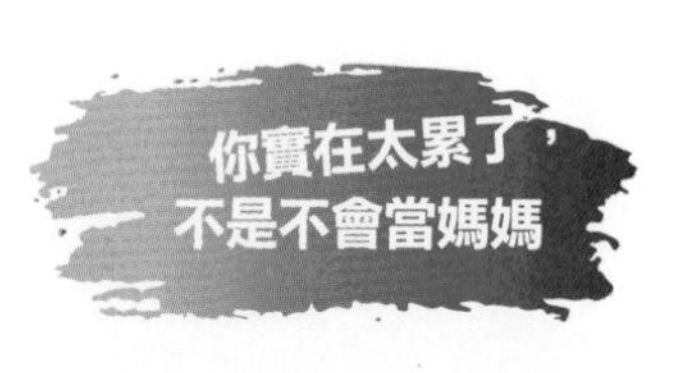

人的時光，把嘟嘴、委屈的女友拋在後頭。

如果男友知道蕙庭的抱怨，可能還會感到吃驚又生氣：「不是你說各做各的嗎？怎麼變得好像都是我的錯一樣？」「餓了為什麼不說？我都把你送回家了，才事後生氣。我又不是你肚子裡的蛔蟲！」

當「一個人被丟下」……

我想起我跟先生還在交往的時候，他曾興奮地跟我分享：「以後的家，一定要有一間我的書房，屬於我自己的空間。」看著先生手舞足蹈的神情，我心裡卻很矛盾、複雜。

雖然我很支持，也認同婚姻生活一定要保留彼此的獨立空間，但是當被對方搶先提出來了，如果自己不同意，就好像顯得自己很黏人、依賴，又或者自己會擔心，難道你是害怕被我約束，才急著跟我劃清界限嗎？一方面，我想展現大度、放手，一方面又不得不承認自己內在的不平感受，可能還伴隨著一絲絲害怕自己一個人被丟下的孤獨感吧。

「一個人被丟下」對很多女性來說，是一種很深層的內在恐懼。即便共處一個空間了，卻反而更在意自己的微小思緒沒有被對方察覺，而引發更多的失落與怨懟。你都看在眼裡了，卻還不願意走向我。

越是隱晦的暗自神傷，神經大條的另一半就越無法理解，甚至覺得氣氛凝結，讓人想要逃離，久而久之，就變成一個無從解套的沉默惡性循環。

那些思緒往往是受苦的、帶著委屈的。如果你不能理解，那麼，是不是看到你也跟著受苦，跟我一樣感到委屈，我才會覺得，你比較能夠靠近我一點？

有了孩子之後，很多媽媽對於「一個人被丟下」的感受就更為深刻，尤其是當媽媽得獨自面對什麼自理能力都沒有的嬰兒的時候。

「分房睡」不一定是夫妻感情轉淡的原兇

「他說他明天還要上班，體力實在無法負荷，提議我們乾脆分房睡。

「我知道是我自己堅持要親餵，他也沒有辦法幫忙餵孩子，但是晚上被寶寶的討奶驚醒時，他推了推，要我去照顧寶寶，然後轉身繼續睡覺的時候，我還是感到很孤獨。

「雖然當初育嬰假之後決定離職，我們也討論很久，但是真的離職之後，我每天都窩在家，像黃臉婆一樣忙上忙下，他也因為沒人分攤經濟了，日日加班，更晚回來。我們好像

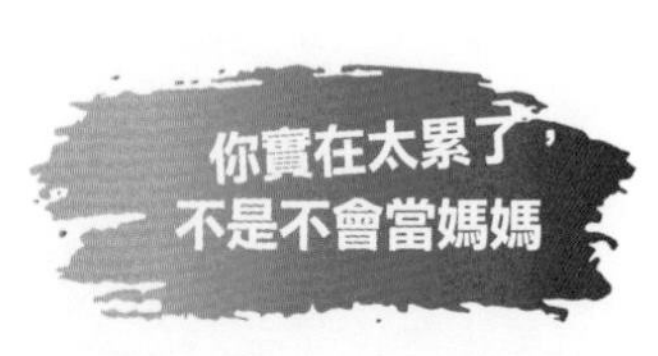

越來越疏遠了……」

孩子出生後，因著孩子的需求，還有父母雙方的能力及限制，分房睡、分工顧孩子、育嬰假或是離職等，在每對夫妻的生活經驗中，都代表著不同的意義，但是**很多人會先把他人的負面經驗，視為恐懼的徵兆而放在前頭——這麼做，夫妻一定會失和的！我們因此而感到抗拒、慌亂而找不到解套之道。**

但其實失和的關係徵狀百百種，因為分房睡而最後形同陌路，有時只是一個預料之中的結果，而非關係無法經營下去的肇因。

也許在那之前，妻子的「一個人被丟下」早就在兩人的同床異夢、一同出遊，卻欣賞各自的風景中，不知不覺地形成與發酵。反觀有很多遠距離的候鳥夫妻、假日父母，雖然時間與空間將夫妻兩人隔開來，但是因為彼此都渴求關係的信任與依賴，相處的品質與愛的濃度更高，而更珍惜能在一起的片刻。

分房睡，讓雙方都能感受到對彼此疲憊的體諒。工作生涯的暫停與轉換，是為了一起咬牙度過孩子嗷嗷待哺的過渡時期，而相信各走各的路，是為了儲備未來一起耕種同一塊土地的養分。

明明都是同樣的結果與安排，但因為伴侶們對彼此貌合神離的擔憂，而負向解讀，讓它背負了離間感情之罪。

太太除了需要實質的幫忙外，還需要精神上的支柱

我在初為人母的時候，對於晚上顧孩子的任務，有著極大的焦慮與不安，因此，我渴望好不容易下班回家的先生，能夠無時無刻陪伴身旁。

無奈先生白天還要上班，晚上不可能全時段，跟我一起盯著每三小時就要重新餵奶拍嗝、換尿布、哄睡的新生兒，於是，先生提出了半夜分工輪班、分房睡的方案。這樣，我們至少晚上還可以睡三小時，早上，我們也才能繼續與生活抗戰。

這個方案一提出後，表面上想開放溝通，內心卻遲疑，勉強答應的我，心裡卻是塌陷了一塊小小的失落。

回頭思索，那是我自己的內在脆弱。被先生理性的解決問題後，我孤獨的感受，沒有被承接到，因此深覺不安。

原來我需要的不只是一個遞尿布、加熱母奶的好幫手，還有精神上的重要支柱。因此，當先生很認真地思索我們如何半夜輪班，以及規劃晚上一人顧孩子時，奶瓶—溫奶器—消

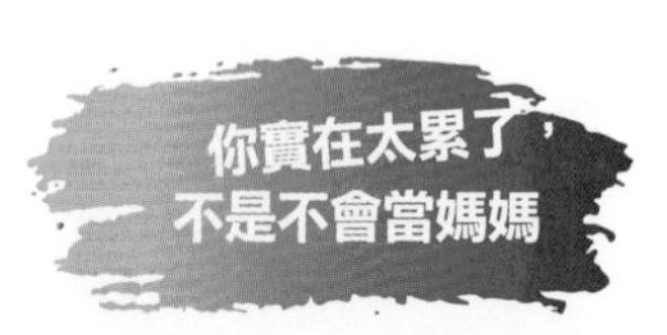

毒鍋的動線時，我卻更感無助與不是滋味。

那種「你都只想著怎麼休息」、「這才不是真正的分工」的爭執，也屢次發生。但對我先生而言，我的找碴與不配合，都是他在想法子解決，而我卻只想要拖他一起下水，一起受苦，也讓他感到困惑與憤怒。

慶幸的是，我們兩人仍能從每次的衝突中，找回彼此的相處之道。即便沒有一起面對孩子把屎把尿，但是孩子一發生什麼事情，只要一聲呼喚，我們仍能夠互相支援。我們各自的房門都是打開著的，就為了能夠聆聽隔壁房間的動靜……

這些後來透過爭吵、溝通的對話中，退讓與協調出來的改變，都讓我重新找回關係中的安全感，而不是一個人被孤零零丟下的難受。

到後來，甚至有時候自己感冒、生病了，被勒令回娘家休息，我也能感受到來自先生的關心，以及他自告奮勇要帶孩子的傻氣心意，而不是解讀成自己被嫌棄，變相成了掃地出門的委屈。

媽媽得先看到自己的價值，並非建立在付出與犧牲上

育兒本來就是一條艱辛的路。媽媽們往往累積下來的不公平感受與隱忍、怨懟，讓原本所期待的「同甘共苦」，變成了一種失敗的共產主義——沒有同甘，只有更苦。我難過，於是我也見不得你好過（很多媳婦，也都受困於這樣的婆媳關係裡；過去婆婆我也是這樣苦過來的，現在的年輕媳婦怎麼都吃不了苦？），於是大家一起辛苦，一起低潮。反而兩個人越走越怨懟，看不到一起共榮的那一天。

等我真正當了媽媽，才能夠感受到自己那有點「變態」的心理。好像要一路付出與受苦，才能感受到愛的真實與自我價值。如果我要不到我想要的，那至少看到你也沒那麼好過，彷彿可以讓我心裡釋懷一點。

但為何兩人要這樣苦苦相逼呢？

媽媽們得先看到自己的價值，並非建立在這些付出與犧牲上，才不會在先生工作回到家，兩眼無神放空的時候，自己還要邊委屈，邊抱怨，卻又還得伺候對方，放洗澡水；更不會在孩子長大上學、工作，甚至有了自己的生活家庭後，還得操煩兒子的人際、升遷，甚至埋怨孩子的不知感恩，但又一邊忙著幫忙顧孫子。

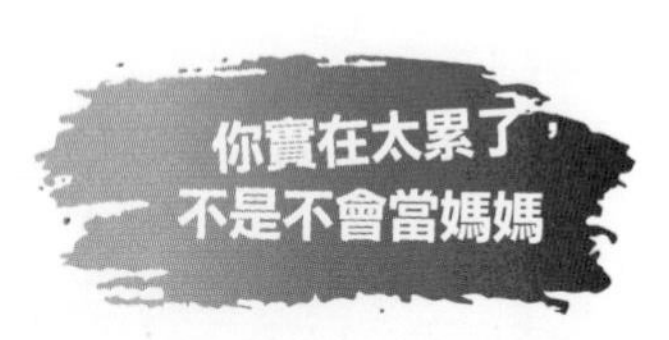

媽媽劃下底線，拒絕過度消耗

我的價值，要建立在那些「我喜歡」、「我甘願」、「我值得」的事物上，而有些我並非不願意，但的確很折損能量的付出與犧牲，我必須先為自己劃下底線，拒絕自己的過度消耗。

不要委屈、哀怨地期待對方，要跟自己一起經驗這樣的地獄，才是真正的愛我，才能與我一同攜手走過。

對伴侶來說，有時不是不願意陪你一起苦，而是我們也可以努力，一起朝著兩人都可以喘口氣的方向往前走。並非我把你丟下了，自己還樂著活得自在又自私。因此，**在耗竭的時候，我們得先停止怨懟、把對方拖下水，才有機會看到「無須一起受苦」，而能一起喘口氣的一線光亮。**

我們都希望自己是為了能更自在，而想要留在這段滋養的關係中。不是非得要兩人都在關係裡受苦、掙扎，才能顯示愛的可貴與證明愛的存在呀！

你陪我回娘家是委屈，我不愛吃你家的東西，就是看不起？

當我選擇先去照顧自己的不舒服，接納彼此家庭背景帶來的差異，對方也才不用急著拿劍與盾牌，往我身上衝撞。

「我知道公婆生性好客，可是有些時候真的盛情難卻，我只是習慣吃飽不麻煩別人，想不到桌上的點心一點也沒動過，就被公公私下抱怨『我是不是看不起他們』！」太太說。

「我跟老婆說，就吃一點，裝個樣子，也不會怎麼樣呀。她就說我根本不站在她那邊！」

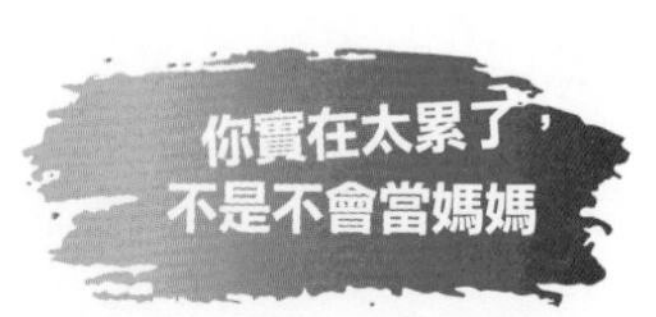

先生回應。

「我願意每週回去陪你媽聊天，已經很配合了。你還想要我怎樣！」太太感到不滿。

「我難道沒有配合你嗎？每次你要回娘家，長途車還不是都我在開？我平日還要上班耶！」先生也覺得不公。

「我明明都有擔心你累，問你要不要改搭車，你都說沒關係，為什麼現在說都是你配合我？」太太火大地反問。

「你去問問有哪個媳婦這麼常回娘家？我媽都很憂鬱是不是家裡哪裡待你不好，搞得你一天到晚跑回去！你知道我每次安慰老人家，有多辛苦嗎？」這下可好，先生也激動了起來。

我眼前的夫妻各自坐在兩把椅子上，兩張臉都氣憤地不願看向對方。明明加上我在內，僅僅三個人的諮商室，卻突然好像充斥著滿滿模樣各異的兩家人。窒悶的空氣，讓我也差點喘不過氣來。

婚姻就是兩個人，帶著兩個家庭一起磨合

我想起好久以前，大學時期選修家族治療課程的時候，丁思惠老師播放的一部影片《Kiss

情人》，裡頭有個畫面，讓我至今震撼不已。那是作為夫妻的班（布魯斯威利）與凱蒂（蜜雪兒・菲佛）兩人在床上，但身旁卻一口氣躺了兩家六個人的畫面。

即便婚後決定只想要兩人的小家庭，但我們的相處方式、溝通型態、思考邏輯，其實處處都帶著各自原生家庭所給我們的習慣。

那是潛移默化而早已被我們視為理所當然的，在沒有遇見與自己不一樣的人以前，難以察覺的差異，又或者，在兩人決定共組家庭以前，不會去意識到家庭對彼此的影響，竟有這樣驚人的分量。

當我細細地瞭解這對夫妻平日相處的大小衝突故事，才發現他們彼此在各自的原生家庭中，其實也都是乖巧、安分的孩子。

只是太太從小被叮囑對自己負責，顧好自己的生活。若多拿了別人的東西，也擔心給人家添麻煩，因此自然也就沒有那樣的熱情常往親友家裡跑。因為若常往親友家裡跑，說好聽點是聯繫感情，但其實也擔心總被人家說老愛蹭飯吃、占便宜。

至於，先生來自大家庭，簡樸而傳統。理想中的畫面是三代同堂，最好媳婦與姑嫂妯娌都能和樂融融，因此他們面對總是喜歡一人行動的媳婦，老人家不僅無法理解，還帶點無措。

他們想，果然務農家庭還是被嫌棄了嗎？怎麼嫁出去了，卻總還要求兒子帶她回娘家，是不是抱怨了些在這邊的受苦跟委屈呢？這要是傳出去，怎麼得了，於是越加想要熱絡彼此，卻令媳婦更感壓力。夫家也覺得被拒絕而臉上無光，甚至「見笑轉生氣」。

這樣的差異，帶進了夫妻相處之中，往往成了衝突的開始。

夫妻之間，彼此習慣性地先防衛與辯駁？

發現自己出門、進門都沒人出來招呼，還以為是針對自己，故意排擠、冷落，或是飯桌上習慣性的都先夾滿自己想要的菜進碗裡吃，卻被對方指出「那是嫌主人待客不周、菜煮不夠，只好自己搶先夾光」的失禮表現。

好多芝麻蒜皮的小事，但當一件件開始累積、堆疊後，不禁讓人開始感到失衡。到底是我家餓怕了，老擔心吃不飽，還是你家不懂禮貌、家教？明明一開始只是為了維護我從小大到的生活習慣與價值觀，不知怎麼的，就變成互相抱怨與攻擊。

那種不舒服來的太快太急，於是我們都很習慣選擇性地先防衛與辯駁。

我常常在會談室聽到這類的抱怨：「你（或你家）都如何要求我，可是你（或你家）也讓我覺得那樣很不應該呀？」

我以前會傻傻的回應：「哇，那真是不公平。」可是，公平就能真正的解決問題嗎？如果牽涉的是兩個家庭，到底要怎麼做，才有辦法公平呢？就算平均分配了回娘家與回公婆家的時間，那樣懷疑「是不是媳婦不滿呀」的不愉快，還是存在心底的。好似解決了表面的問題，但等到下一個差異浮現，又開始吵的時候，「我們都讓你回娘家了，還這樣……」就成了得寸進尺與不知感恩的舊帳了。

溝通總易卡在第一關，但低頭、道歉就輸了，因此決意捍衛到底。而絕不妥協的結果，就是雙方硬碰硬。寧為玉碎，不為瓦全。兩人，甚至是兩家人撕破臉，讓夫妻的衝突更加激烈，並充滿惡意。

夫妻常見的困難是，正因熟悉各自的地雷，而總往對方痛處踩

於是，我開始會這樣問：「那麼，你期待的關係，會是什麼樣的呢？」

如果耐心地傾聽各自的心裡話，會發現明明我也想要被大家喜歡。如果能安適過日子，誰想要一天到晚變成逆媳或戰神，全副武裝的到處出征。

不論是先生或是太太，在卸除盔甲後，都渴望對方能溫和的理解，自己為什麼會這樣

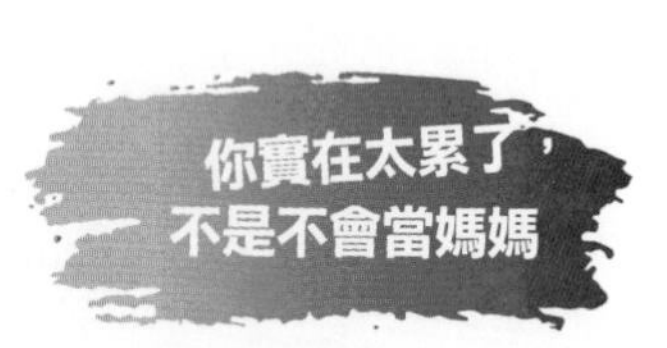

做。有時不見得要完全改掉，也能溝通出各自安好的模式；又或者，只要感受到被接納，其實要自己配合，根本也沒這麼難。

如果只是為了爭一口氣，絕不妥協，那麼，久了，其實自己也好累、好孤獨。

如何好好地覺察自己內心的不舒服？或是選擇當下先不予回應，待好好釐清自己的狀態後，下回再主動用玩笑語氣聊起：「哎呀，我家都是小鳥胃，所以才習慣先撿自己的分量吃飽就好。」也是一種藝術。

有時也許是自嘲，或是智慧地用幽默說明、化解。**用對方能接受的方式，來幫助對方理解自己，不代表自己就得當個忍氣吞聲、處處討好的人。**

忍久了，情緒會變調、爆發，結果每次吵架吵到後來都在翻舊帳，不知所云。夫妻相處中常見的困難是，正因為彼此熟悉各自的地雷，我明知可以繞路，順順的走，卻仍不甘願的要衝撞，讓你看看「我有多犧牲跟忍耐」，可是如此一來，又繞回計較輸贏的死胡同裡，而非往自己期待的彼此接納的道路上走。

我們喜歡對方的部分，往往也源自對方家庭帶給他的影響

走進我諮商室的這對夫妻，先生就是欣賞太太獨立自主的果斷性格，讓他省去很多猶豫不決的煩惱。太太則喜歡先生的顧家，給人安全感，還有他忠厚、老實的性格，才有辦法包容直話直說的自己。

我們老愛抱怨另一半的家庭，可是如果沒了這個家庭，他就不是原來的他了。

看見彼此的不同，因而焦慮與不安

我也曾疲於應付先生大家族老愛三五個月就舉辦一次的出遊旅行。長輩們老是不按牌理出牌，興致一來，說走就走，讓從小就是會把行李前一兩天分類、裝袋收拾好、每個行程都會用一個小時為單位來劃分確認的我，相當不習慣。

此外，我好面子與愛打扮，面對與大家族的親友一同出遊，把自己整理、梳化好，更是必要做到的禮貌，因此對於老是不在約定時間一口氣出現的大量親友，以及高漲情緒的長輩們此起彼落的招呼、問候聲，讓早就提前準備，卻仍還在收拾、胡亂套上衣服，趕著出門的我，總是有種喘不過氣來的倉皇感。

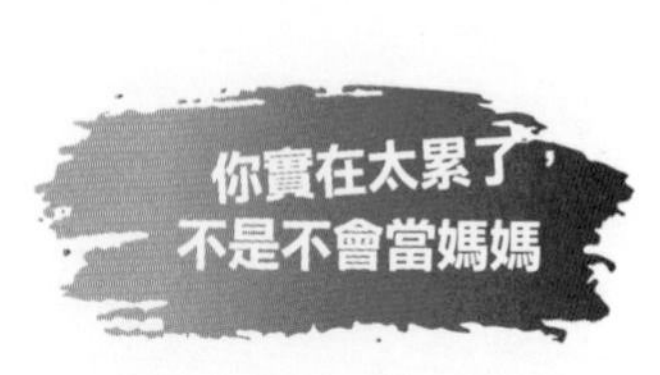

甚至因為被先生催促，我們兩人演變成翻臉、吵架的狀況，也發生好幾次。衝突一旦無限上綱到「你家就是如此」、「我家就是如何」，兩人的戰爭就會變成一個無解的局。

那次，我抓著遠房小姑，抱怨一整天下來累積的負面情緒。個性總是開朗、率直的小姑聽了，卻是哈哈大笑：「對呀，跟他們出來玩，就是好強迫呀！可是我們家的女生真的就是披了外套就可以轉身出門的耶，沒有人在化妝準備的啦，而且他們說走就走，你要怎麼準備？」

小姑甩著隨意紮起的馬尾，指指掛在椅背上的大包包，對照我無論有沒有帶孩子，都是行李箱、隨身包，還有提袋組合的大小行囊（裡面還有很多衣物分類收納袋，整整齊齊的塞滿每一個空間呢！），完全突顯了我們的差異。

不知道是這樣的家族與這些孩子的個性相合，還是從小到大，為了適應大家族的步調，這些孩子們慢慢長大，也隨之形塑出自己的生存之道。

我突然意識到內在的震驚。我們都把原生家庭教給自己的東西，理所當然的實踐在各自的生活中，但怎麼跟另一個家庭，碰撞出不一樣的火花時，就變得彼此互相找麻煩、難相處呢？

其實，我先生也常抱怨老人家行程改了都不說，而反過來想要跟我兩人自己開溜，但我有時只想要他別那麼兇的在大家面前嫌棄我，因為，我也可以不畫眼線就立刻出門呀！

兩個人的結合，本來就是帶著兩個家庭文化塑造出來的不一樣，彼此打磨。很多人會揪著眼前的差異，放大、惡化，來為自己爭口氣，但其實真正的內在感受是，因為看見那樣的不同，而感到焦慮不安與不舒服，甚至懷疑：「那麼，我們能夠繼續牽手走一輩子嗎？」其實，我想要的是「即便不同，我仍願意愛你」的彼此包容，而非讓差異成為互相指責、埋怨的延伸，還有「不一樣代表我們不適合」的關係決裂。

轉化自己在埋怨與自憐時的委屈

精神科醫師鄧惠文曾在一段談論夫妻關係中的採訪提到：「先看懂不是他做不好，而是你對他有所期待」——我覺得這句話對我很受用。正因為愛著這個人，才會對對方有所期待。於是，我轉化了自己在埋怨與自憐時的委屈。**如果我一直陷在自己受苦的坑洞裡，先生也無法伸手把我撈起來，反而容易擋在洞口，還試著要說道理，告訴我事情不是這樣的。**

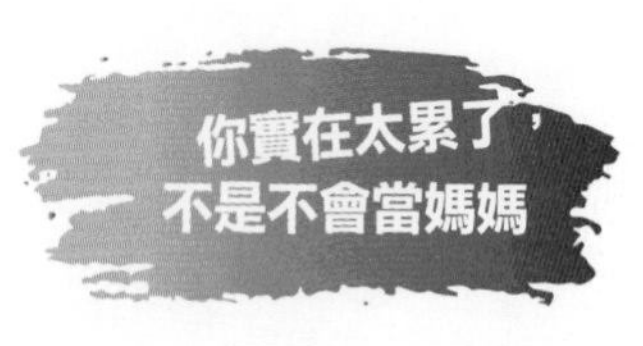

我提醒自己，想要的幸福究竟為何。明明在對方身上曾有的感動，怎麼一旦遇到他背後的原生家庭，就被抹滅、消失了？

當我選擇先去照顧自己的不舒服，接納彼此家庭背景帶來的差異，對方也才不用急著拿劍與盾牌，往我身上衝撞。

兩隻都害怕自己受傷的刺蝟，得停下來面對面，才有辦法柔軟的彼此相互擁抱呀！

一包衛生紙帶來的婚姻危機——我們真的能無話不談嗎？

比起壓抑那樣的委屈，我決定還不如好好跟他講清楚，說明白。也幸好透過這樣的敲邊鼓，讓我更進一步的確認先生的行為，本來就不是惡意的限縮或是剝奪，而是真的不瞭解我的需求。

「衛生紙怎麼少了一包？」我問先生。

「月子中心每天都給兩包，我就拿一包回家啦！」先生回答。

「那我要用的時候怎麼辦？」我疑惑。

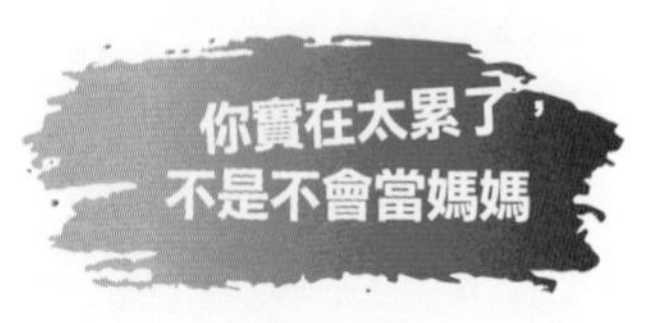

「……可是一天有兩包耶？」先生也疑惑。

第一胎時，先生陪我住在月子中心，卻因為意外的「衛生紙之亂」，開啟了我內心奔騰的小劇場。

當我發現衛生紙不見的錯愕（可能還有剛生產完的荷爾蒙影響，對先生的不耐煩），以及面對先生理所當然的態度，引發了我內在的不舒服。我有好多疑惑、委屈、生氣的情緒，卻不知道該回應些什麼才好。

先生這麼理所當然的就把「多的」衛生紙拿回家，是覺得我不會用到？我不需要？還是我不應該用這麼多？或是，從小就在「男生宿舍」被養大的先生，面對家中只有婆婆一位是女性，他壓根兒不懂女生在生理上的需求，與使用衛生紙、生理用品上的差異？

我越想越多，甚至開始焦慮與煩惱。這些東西是我理所當然地要自己負責，還是他也應該要協助分攤？

柴米油鹽醬醋茶的現實問題

回想以前少女時代，面對終於有認定終身的伴侶，很多人會欣喜地告訴我，是因為他跟我「無話不談」、「不用多說什麼，都能懂我」。現在我成了媽媽，反而會開始擔心與憂慮。我們真的什麼都能談，都能懂彼此？還是戀愛的濾鏡一套，什麼都可以被自己包容，或是善於幫對方解釋與合理化呢？

過往自由戀愛時，若是談論門當戶對，那是很庸俗的。若才剛在一起，就要提醒熱戀中的男女留心婆媳問題，是多麼煞風景呀！然而，經歷過舉辦婚禮的夫妻，應該都會有這樣的感觸，有些東西不是你不談，就不用去面對的。不論是終身大事，還是生活瑣事，都是令人煩躁的過程，很少有伴侶不因此而衝突、吵架的。

當甜蜜的關係進入下一個階段，開始籌組一個家庭時，婚禮到底要請幾席？男方要請幾桌？女方要多少餅？婚後的新房，你要出幾成的錢？我媽付了頭期款，她能不能拿鑰匙隨意進出？又或是有了孩子，那些小衣、小鞋是你想買的，而我家親戚都有給二手的，我也要平分嗎？我開車的油錢，你也要出嗎？衛生棉是你女人家的用品，你要用公款嗎？

無趣的柴米油鹽醬醋茶的家務與生計問題，一個一個現實地冒出頭來，一再敲擊著玫瑰色的濾鏡，迫使我們不得不去看見原始圖片的真實樣貌為何。

而有了孩子，更像是獲得了一面照妖鏡，把夫妻之間原本的暗流放大、毫不留情的浮上檯面。我並不視為這是導致關係惡化的瓶頸，反而認為這是一個很好的機會，讓原本浸在

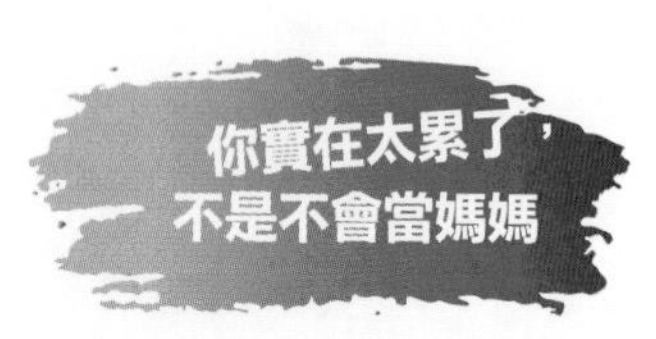

粉紅泡泡中的伴侶，有機會去看見彼此面對衝突的彈性，以及溝通的意願與能力。

如果此時就已埋下了「忍耐」、「犧牲」、「委屈」的種子，而未能好好處理，未來十年、二十年的關係都很容易陷在坑裡。隨著時間變長，婚姻與家庭帶來更多牽絆，更加無法輕易地爬出去。

我心裡被引發出安全感的匱乏

從月子中心被先生拿回家的衛生紙事件，燃起了我在親密關係中的不安。

也許對於很多人來說，這就只是伴侶節儉的性格與沒有告知的誤會而已，但**我卻從自己一口氣竄升的負面情緒，覺察到了我內在的恐懼；那是來自於我的母親對於父親癌症離開後，為家裡停滯的經濟收入帶來的焦慮投射。**

明明父親留下來的遺產不虞匱乏，可是母親作為沒有工作的家庭主婦多年，以及兩個成年子女離家在即而獨留自己的現況，讓她不得不面對這樣的心理困境。於是，她開始精算與計較，並不時地對於我們釋放出「養兒育女這麼辛苦，現在還是得靠我」的負面情緒，讓我們子女感受到既被切割，又被索討的錯亂與無助。導致父親剛走的那幾年，與母親的相處與溝通，對我與弟弟而言，簡直如地獄一般，苦不堪言。

我最討厭為了微不足道的小錢計較，但我卻因為一包衛生紙而引發安全感的匱乏。面對先生，在第一時間，我竟也冒出如母親對待自己一般，想要索討些什麼，來讓自己感到安心。

腦袋中雖理性的思考著可以討論雙方薪資收入的透明化，或是公基金的存放比例與使用方式，但是那些令我覺得不帶感情而冷酷、現實的「錢的問題」，仍讓自己陷入了糾結與不堪的情緒中，並且意識到，原來「錢」對我而言，竟是這麼隱晦又尖銳的敏感議題。

這對於還在坐月子的我，其實是有點挫敗的。

作為心理師，我很清楚面對敏感議題，我們總愛假裝沒事就好，等到衝突發生時，才想要來談談（或是不得不被迫去面對）。

然而，這些困難的議題，本來就應該建立在厚實、穩固的關係基礎上，才有辦法被小心安放好，讓雙方平心靜氣的一起面對與處理，不然就好像老人家不肯去看醫生一樣，有著「沒看沒事，一看就住院，然後人就走了」的迷思，而拒絕每年一次的例行健康檢查。

婚姻關係，本身也需要常常健康檢查呀——「性」、「金錢」、「價值觀」（尤其是那些有關信仰的、政治的）等議題，**若在關係中是隱晦的、不能談的，以後也會以不同的方式**

爆發，強迫我們去攤開來面對的。

然而，等到自己真的卡住時，才發現原來要開口做先鋒，真的是很需要高度的自我覺察，還有面對問題的勇氣。

這麼看來，雖不是說鼓吹婚前性行為、婚前同居試婚，但若能在結婚前，兩人有機會嘗試幾次較為長期的旅行，反而是很好的彼此深入瞭解的機會。小從擠牙膏的習慣，大至財務分攤的價值觀，都可以讓人有更多面向，去思考彼此的差異與磨合。

我決定跟先生講清楚，說明白

「你知道女生上完小號，也要用衛生紙擦乾嗎？」我跟先生解釋。

「啊？」先生不解。

「就算現在有免治馬桶用水沖乾淨，還是要擦乾保持乾燥。女生陰道短，容易感染，這樣才不會發炎。」我進一步說明。

「天呀，所以我們女兒也要這樣？」先生張大了嘴。

「對呀！」我點點頭。

「然後從十二歲就要開始買衛生棉？」先生問。

「有時候，可能十歲就要幫她買了呢！」我回應。

其實，我隔了好幾天才敢繞著圈子，試著跟先生提起衛生用品的事情，甚至期間，我還自掏腰包，跟月子中心買了衛生紙，但發現先生渾然不覺他拿走的那一包，對我來說多麼重要，比起壓抑那樣的委屈，我決定還不如好好跟他講清楚，說明白。

幸好透過這樣的敲邊鼓，讓我更進一步的確認先生的行為，本來就不是惡意的限縮或是剝奪，而是真的不瞭解我的需求。

這樣的過程，也給了我更多的勇氣，讓我好好地準備，與他談論被我視為疙瘩的錢的問題。

如何開啟伴侶間的敏感話題？——三明治溝通法

ＰＮＰ三明治溝通法（feedback sandwich）其實在企業、學校、家庭中，已是很普遍被應用的模式，而在伴侶關係中，我自己也有一些更細緻的體會與提醒。

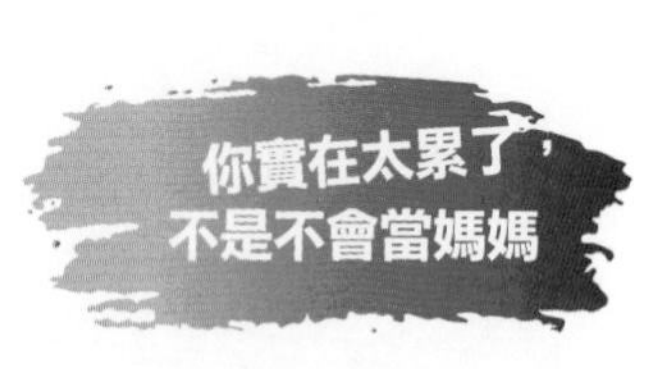

一、上層Positive——肯定伴侶已有的付出

在開啟敏感話題之前，給予伴侶肯定與信任感，是很重要的。我們並非帶著指責的惡意前來，否則我原本想要溝通的意圖，會因對方感受到攻擊，憤而起身防衛的對抗給消磨殆盡。

常見的夫妻衝突，即是因為我們總是把心中的不愉快都先丟出來，要對方承認與道歉，而無法讓彼此好好地和緩下來，看看後面我想要端出來的主題為何，更遑論後續的討論與協調了。

二、中間Negative——提出不同想法與建議

雖然原文negative的意思，是把負面的不同意見夾在中間，但我認為不要給予「你錯，我對」的二分法評斷，以及讓對方感受到保有彈性的討論空間，是很重要的。

若只是粗糙稱讚完伴侶，就緊接著「可是你這樣……」「不過我覺得……」還是很容易讓人有種被否定的感覺。

我的經驗是，真誠地表達自己的感受、想法與需求，對方反而能夠理解、接納。邀請對方與自己一起想辦法「怎樣會更好」，而不是帶有頤指氣使的「服從我」，也較能卸除對方帶刺的盔甲，才能「一起解決問題」。

三、下層Positive——朝彼此的共識，給予正向的期待

回到親密溝通的本質，是因為我們都想要讓彼此關係變得更好，而不是為了證明我是你非、我優你劣，因此就算我們再怎麼不同，都想要有和諧溫暖的關係、包容接納的表達模式，不唱衰對方，同時也是為自己在這段關係中的付出打氣。

面對最親近的人，「示弱」不代表放棄或認輸，而是讓對方願意站在我這邊，跟我共同努力。

先生溫和而堅定地回應，讓我感受到自己被聽懂

親密關係的溝通，往往不是一次就能夠俐落又漂亮完成的任務，尤其對我而言，「錢」

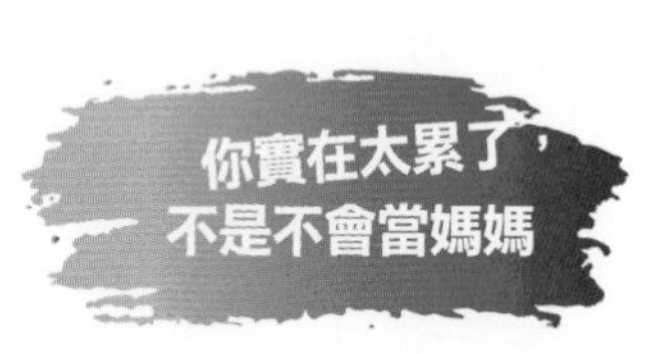

是我的原生家庭與親密關係錯綜複雜的議題。

在我試著理性混著感性，害怕受傷與鼓起勇氣間掙扎的過程中，先生對於我的「示弱」，給予的傾聽與陪伴，成為那段煎熬的歷程中，幫助我快速成熟與重拾對彼此信任的養分。

產後在月子中心，我最常對先生說過歇斯底里的話，大概就是千百次的重複自己「真的很不愛談錢，那會很像我媽」的自卑與自責。

我還記得先生當時回應我：「其實你會這麼在意，就代表你們某部分還是很相像的，但是你已經開始意識到，就不會再重蹈覆轍了。」

我的挫敗、恐懼與不堪，透過哭哭啼啼的情緒化樣貌，赤裸裸地呈現在他面前。不過，先生溫和而堅定地回應，讓我感受到自己被聽懂。雖然不是那種溫暖大手緊摟擁抱的浪漫畫面（我想對於剛成為新手爸爸的他，應該也是無比慌張吧），但我知道他有認真地看待。

我們當時討論出了公基金的存放與使用，讓財務分配這個問題得以落幕，而我也發現，我的不安並不需要透過一分一毫的羅列與計算才能夠撫平，光只是夫妻共同去做開戶與存領的動作，就讓我知道自己無須猜忌，也不用一直去做無謂的監控與核對。

意外的是，三年半後的某一天，先生帶著手機，欣喜地打開公司新開發的員工App，對我說：「終於可以跟你交代我的收入明細了，不然我自己也說不清！」

原來，當時我的介懷，他一直放在心上。那一刻，我彷彿感受到一股暖流，正從我們的日常生活中，以一種穩定的頻率，緩緩地注入心底，也讓我想要繼續牽著這雙手，走下一輩子。

我們當然不可能就此過著幸福、快樂的日子，而不會再有任何衝突或矛盾，但**越是穩定與保有彈性的關係，才能夠一次又一次面對尖銳與敏感議題的挑戰。**

讓我們想要永遠在一起的，不是嚴格打分數與苛刻的質詢為何沒達標，而是對彼此的看見與理解呀。

輯三　母職壓力與來自原生家庭的糾葛

「那就是你的選擇呀，所以小孩跟阿嬤就比較親呀！」——「母職」的選擇與媽媽衍生的內心困境

「你知道嗎？我只是想換個手機，找人問問App怎麼用，先生的『你又不會，反正你也不需要啦！』這句話都會讓我爆炸。我這樣難道不是你害的嗎？我覺得我現在為了帶小孩，什麼都沒有了，卻還得留在這裡被你踐踏！」

「我不過就是請他幫個忙，他居然回我『我很累』。我整天待在家，打掃、洗衣的打轉，他就只負責回來窩在沙發上、蹺二郎腿？

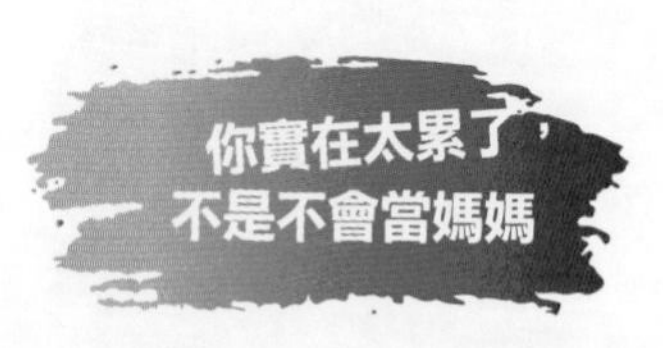

「我只要一抱怨，就馬上被嫌『你不過都在家陪小孩玩，還有什麼不滿足？』陪小孩有那麼輕鬆，他怎麼不自己顧？

「吵得很兇的時候，他就只會回我『不然換你去工作呀！我待在家。』我簡直氣到說不出話來。我真的很想出去，但現在哪裡還有我的位置，又會被酸賺得沒人家多……」

再多的指控，好像都沒有辦法讓眼前的曉晴真正獲得宣洩。

怒氣隨著她一句句吐出的抱怨與不滿，竟變成止不住的眼淚，一直往下掉。

為什麼選擇成為全職媽媽後，就矮先生一截？

原本以為只是生活上的各自疲憊所引發的不滿，但每個星期三番兩次的為了瑣事爭吵，面對先生一貫的不耐回應，也開始挑起曉晴的不公平感受，甚至有被貶低的感覺。

好像待在家的人，理所當然要完美處理家務，而在外面賺錢的人，就擁有大聲說話與喊累的權利。

不對等的姿態在溝通時，勾起了曉晴為了反抗的尖銳回應，同時，也深深地刺進內在因生了孩子而選擇成為家庭主婦最脆弱的部分。

「我以前在校成績還是比我先生好的那種，現在就這樣待在家，連伸手要錢，都還要擔心被誤會我亂花。」

曉晴紅著眼眶，以不甘願的語氣說著。

曉晴覺得當自己生了孩子，決定在家自己帶孩子後，便開始一步錯，步步錯。自己灰頭土臉的付出變得理所當然，傾訴挫折時，又被嫌棄不知滿足，當感到後悔時，才發現已經沒有退路了。

「你知道嗎？我只是想換個手機，找人問問App怎麼用，先生的『你又不會，反正你也不需要啦！』這句話都會讓我爆炸。我這樣難道不是你害的嗎？我覺得我現在為了帶小孩，什麼都沒有了，卻還得留在這裡被你踐踏！」

聽到曉晴說「以前成績比先生好」這句話的時候，我看見我的內在彷彿也震動了一下。是呀，我過去的成就也沒另一半差，為什麼有了孩子之後，卻好像在家就是矮了先生一截？

那樣的自卑感是很隱晦的，但處於劣勢的心結，卻會不時地浮現。

若在外面工作表現不佳，還能夠被理解為老闆的要求與壓力，但家務上的挑剔，就變成了一種自己的失職。

更多的時候，孩子乖不乖，都被自動的歸類到「我的任務」上頭。另一半的抱怨聽起來固然令人不舒服，但那種「為什麼是你來指手畫腳」的不平感受，更容易在媽媽的心中生根。

當一天忙碌下來，太太的氣力都已耗盡時，先生給予的，若不是支持與鼓勵，而是埋怨或指責，太太往往更容易對先生感到不滿與挫折。

為什麼即使是職業婦女，孩子一有問題，也都得是媽媽負責?!

曾有媽媽就向我吐露，她不想變成在家帶孩子後，被認為是不事生產的廉價家政婦，連化妝品的幾千塊，也得向先生討，於是一生完孩子，就在等兩個月的產假結束，準備開心回到職場工作，沒想到，這才是一連串挫敗的開始。

白天，孩子不論是交由保母或是長輩照顧，晚上接回來，孩子也不一定安穩，夫妻間的衝突往往很容易在此時浮現。

正因為孩子白天不是自己帶，那種「你就是沒有更多時間好好陪他，才這樣……」「那就是你的選擇呀，所以小孩跟阿嬤就比較親呀！」的言詞往往更令媽媽難以承受。

好像職業婦女想要兼顧是種貪心。你想選擇事業，交出亮麗的成績單，就得捨棄孩子與你的信任與依附。有時只是想提早回家，親自抱抱孩子，或為副食品打泥做準備，就得提心吊膽地面對同事間的質疑眼光。

不論是否為自己的心理作祟，還是來自環境中真切的不友善壓力，這位媽媽提到：「我也不知道為什麼，好像當孩子有問題的時候，都還是我要負責。」

是呀，媽媽也是賺錢養家的人，但為什麼好像還是只有媽媽會在意自己跟孩子好不好？擔心陪孩子的時間不多，如果孩子跟媽媽不親，自己就不是個好媽媽？為什麼好像還是只有媽媽得在家庭與工作之間做抉擇？

職業婦女形容自己賠了夫人又折兵，哪裡都不討好

蠟燭兩頭燒的結果，選擇作為職業婦女的母親們，仍須經驗許多壓力。職業婦女們形容自己賠了夫人又折兵，哪裡都不討好。

這其實反映了許多現代母親的困境。不論是選擇作為全職媽媽，或是職業婦女，除了家庭生計的考量外，還有對自己成為「母親」的樣貌有所期待，因此**夫妻間若是面臨工作與**

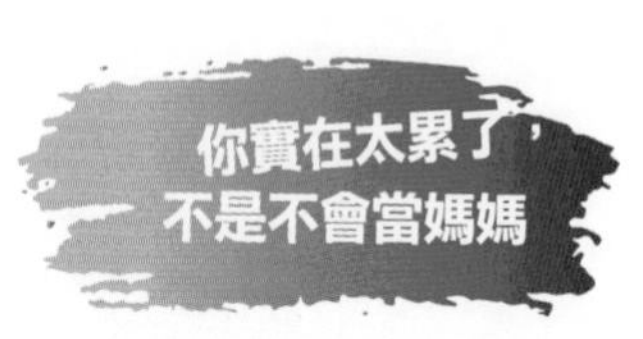

育兒的衝突，或是媽媽自己本身為了兩面兼顧而失衡時，都很容易陷入深層的自我質疑：

「我過去成就還比先生好，為什麼反而成為了媽媽後，一切就是不如你？」

也許是傳統文化長久以來建立起大眾對「母親」的期待，又或者作為女性，在生育之後容易被激起的天生「母性」。相較於父親而言，母親對於想要與孩子能有無法取代的親密連結，其實是很普遍的渴求，並且除了育兒之外，也有很高的比例，仍想兼顧家務，希望自己是能幹的，因此很多現代婦女會感到很失調，因為我也想跟先生一樣，在外面有成就感的來源，但同時我也想要能有作為一位「母親」的勝任感。

媽媽們想要的是被「看見」與「肯定」

我手上有許多案例，是當夫妻兩人面對工作上的因素，較少時間能夠陪伴孩子的時候，通常都還是女性容易對孩子感到不捨，或是自己想要有更多時間陪伴孩子，而選擇退而求其次，例如，轉換跑道或是不那麼有成就感的職位，甚至是回歸家庭，來達到育兒生活的平衡。

而在這樣的過程當中，雖然是當初自己做的選擇，可是「為什麼是我？」的不舒服感受，就這樣變成日後夫妻衝突的暗流。

有時即使只是日常瑣碎的衝突、口角，都很容易勾起太太自我負面的感受。其實作為一個想要兼顧的母親，以我而言，我想要的只是被「看見」與被「肯定」。不論我做得好不好，我都希望被看見我為一切的付出，不管我是否有達到外界所期待「好媽媽」的模樣，我都希望被肯定我成為一位母親的努力。

社會對於不同性別角色的期待，其實已經一步一步有所轉換，現下也有許多先生跳出來，自願變成「育兒主夫」，而不論在工作收入上，或是家務分工中，其實也不盡然都是男主外、女主內的僵化組合了。

只是「好母親」的框架仍無所不在，就像家電廣告中，輕巧玲瓏的人妻女星一般，穿著華麗的提著吸塵器，或是妝容完整的在一塵不染的廚房，料理滿漢全席，嘴裡還說著與寶寶親密的育兒經……

因此，相較於「我怎麼就成了這個模樣的」的媽媽們，我們可以做的，是為自己拍拍肩、打打氣，讓「自我賦能」成為肯定自己重要的能力。以下有幾個建議。

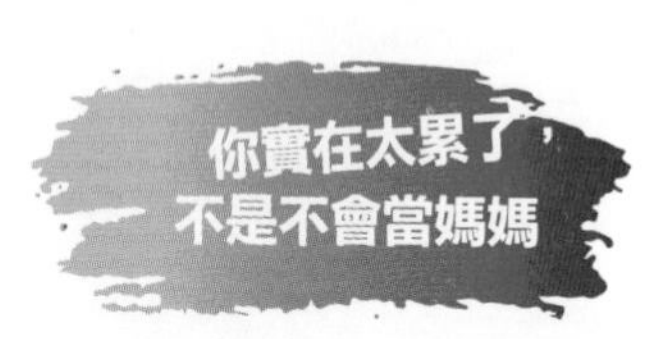

一、我為什麼要做這個選擇？

沒有十全十美的選擇，但盡量不要讓「被迫」成為自己唯一的原因。**每當自己感到挫折與疲憊的時候，不妨重新回頭思索，當時吸引自己靠向這個選項的動力為何。**當我能夠從中看到更多「我想要」的部分時，也會增加我對於做下這個決定的能力感與控制感。

例如：我認同親密育兒派，所以一打一固然辛苦，但能實踐親自哺餵，並與孩子更加靠近，又或者是我想要與先生在經濟上能各自獨立，所以即便薪水不高，我也能有滿足自己的消費能力。

二、這樣的選擇對我的意義為何

從經驗當中，找尋對自己有意義的部分。**雖然很多選擇不盡如人意，但可以先從能令你會心一笑、讓你喜歡的片段，或是讓自己感到認同與勝任的地方開始。**

例如，有時孩子百般耍賴，其實就只是想要自己的陪伴，或是雖然趕著送孩子上學，但孩子一整天最期待的就是在車上可以跟我說悄悄話等，而這些意義感，也是可以給自己多點鼓勵的重要養分。

三、給自己更多彈性，不用一百分，也沒關係

為自己保留更多的力氣，不用每件事情都要ㄍㄧㄥ到頂點，才表示做得好。即便不是一百分，我也喜歡這樣放鬆、有餘裕的自己。

有時不必強求自己天天都得在家煮，才是對孩子好。帶孩子出門外食，讓他放風，夫妻兩個人也都能透透氣，或是工作真的壓得喘不過氣來了，假日就先別急著硬塞親子活動了，或許大家都想窩在家，當個沙發馬鈴薯呢！

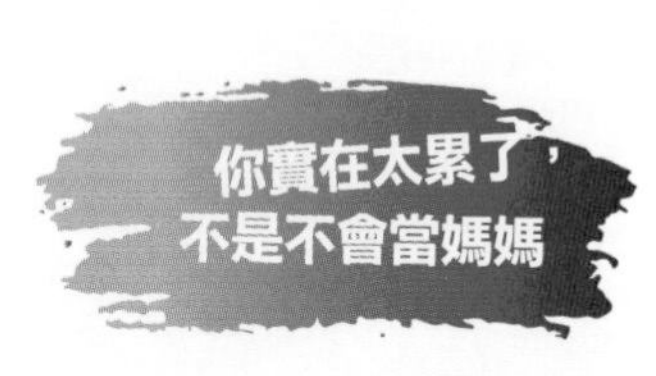

不要再教我怎麼養小孩

其實，有的時候，作為一個媽媽，我很想要獲得的，是更多的理解與支持，以及自我療癒，而非專家的教養訊息。以及，我也想告訴那些和我一樣，容易受太多資訊而影響與動搖的母親們：「不要心急，慢慢走，也是很重要的。」

怡芬看著跟自己差不多同期生孩子的友人，因為生了個天使寶寶獲得熱烈迴響，而得意的在社群分享〈如何讓孩子自己好好吃飯〉的文章，但看著看著，怡芬卻嘆了一口氣。最後，怡芬還是把網頁關掉了。

私底下，怡芬與朋友聚會、討論的時候，幾個沒有孩子的姐妹，也會對於友人的育兒有方感到讚嘆。

「你覺得呢？」姐妹問怡芬。

「我喔……我覺得她真的很認真，不過有些小孩就真的是……」

怡芬的話還沒說完，姐妹們就接著說：「可是那就也代表那些家長沒有決心這樣做，不是嗎？」

於是，怡芬把沒能說出口的話又全吞下去。

「其實，我的小孩就是得一直追在他屁股後面跑著餵的那種……」怡芬感覺很疲憊，也很無奈地對我說。

但怡芬沮喪之餘，也還不時地幫孩子說話：「可是，他也不是每餐都得追著跑。有的時候，他也很愛自己吃、吃很多、很均衡。一餐其實二十分鐘，也就吃完了。」「我帶他出門，他也都能夠自己乖乖坐在餐椅上自己吃。只是有時在家吸引他的東西多，就邊吃邊玩。」

聽起來，怡芬還是有看到孩子做得還不錯的地方，而且在我看來，她自己也是很認真、會加入社團看討論，也努力做功課的那種媽媽。那麼，為什麼怡芬不能這樣自信的回應朋友們呢？

「我覺得自己好像還是不夠好的媽媽。」

「我覺得自己好像還是不夠好的媽媽。」怡芬的肩膀垂了下來。

就是因為怡芬已做了很多功課，但孩子還是不像書上、網路上、電視上所看到的那樣。不管是文靜乖巧，還是外向活潑，好像書上、網路上、電視上的孩子，都不會有哭鬧任性、無理不聽話的模樣，這讓怡芬陷入了自我懷疑的挫折感中。

怡芬每天面對一打一的育兒生活，往往已自顧不暇，而當她嫌棄自己蓬頭垢面之餘，卻還不時歉疚地責怪自己沒能有更多時間，好好做給孩子充分的營養副食品。怡芬說：「原本加入社團是想要尋求資訊與協助，但沒有想到鋪天蓋地的意見，都是要媽媽堅持、為了孩子著想……突然之間，這樣的責任感變得好讓我喘不過氣來。」

怡芬又疲憊又沮喪，她說著說著就哭了。

育兒社團裡，不斷有網友回應「我自己一打二，也都還好好的。」「我先生、我婆婆也都不支持我，但我也都一個人撐過來了」的訊息。

怡芬明明知道對方的分享，也是出於個人的經驗與好意，但卻看得她越來越不願意接納那個好想放棄、做不到的自己。

「好媽媽」的目標就在那裡，許多人都說「你一定可以做到」、「還有人比你更辛苦都在努力」、「要自己向前衝」等，但怡芬卻一直跑不過去。

我彷彿看到一個已經受傷、跛腳的選手，為了是否要堅持到最後，或是要先停下來養傷、止血，在兩難中，徬徨無助與不知所措。

媽媽，你沒有不努力，只是一直好用力地跑，你也好累，對不對？

我想起有一次面對來到我諮商室中的另一位新手媽媽，訴說著對於孩子越來越晚睡的困擾，以及日夜顛倒的無力與沮喪時，我突然脫口而出：「我懂，然後網路上還有一堆睡眠訓練，覺得都是媽媽沒有努力，孩子才會作息混亂的資訊，讓人越看越煩，對嗎？」

她突然睜大眼睛，大聲回應：「對！我真的很受不了！」

接著我們互看彼此，想起兩人都是為人母的角色，我們相視而笑。

其實，有的時候，作為一個媽媽，我很想要獲得的，是更多的理解與支持，以及自我療

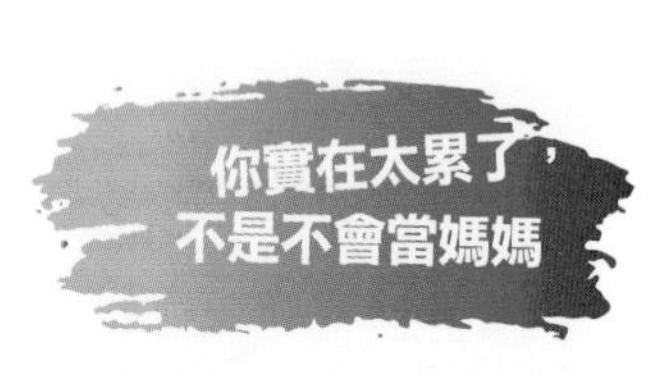

癒，而非專家的教養訊息。

好像孩子無法掌控與不符合外界期待，就變成自己的失職與不認真。看見他人分享成功的教養心得，無形中也變成一種壓力，讓在這條路上並沒有那麼順遂的媽媽們，喘不過氣來。

挫敗的育兒血淚，反而更獲得共鳴

在還沒有生孩子以前，憑著多年與孩子、家庭工作的經驗，我也常寫「你還在這樣做嗎？三招讓寶寶順利入睡」、「孩子自己學會好好吃飯四步驟」這樣的文章，來回應讀者的困難。

但有了孩子之後，我發現有時候分享自己很挫敗的育兒血淚，反而更能獲得共鳴——原來**媽媽們不是真的不知道這些知識，只是她們更需要感受到「原來這樣的困擾很正常」**、**「你也懂我的挫折」**。

專家的文章沒有不好。很多時候，它也幫我們解決疑惑、提供指引，但成為一個母親之後，我也想告訴那些和我一樣，容易受太多資訊而影響與動搖的母親們：「不要心急，慢慢走，也是很重要的。」

大家都在看「你是不是一個好媽媽」

不知道從何時開始，成為一個「好母親」，自女性開始懷孕的那一刻，就理所當然的被大家關注，而我們還在培養與肚子裡小胚胎的感情時，外面的人就開始評價這個媽媽到底有幾分。

我看過一個懷孕的部落客，只是打趣的分享自己站上體重機的照片，表達自己孕期中養胖了多少肉，底下卻是滿滿的留言，要她不要再使用體脂計，因為微量電流有可能傷害肚子裡的寶寶。

而我也曾有過這樣的經驗，明明只是分享逛街看到，有逗趣標語的包屁衣，想不到一上傳後，便獲得熱烈的迴響，但有更多的是告訴我：「孩子太小，脖子還太軟，不要穿這種套頭式的衣服，危險！」當然，也有久未聯繫的老同學私下傳訊息，甚至寄了教學影片來給我，澄清與安撫這種衣服可以透過技巧性的穿法，孩子脖子就算太軟，如此穿法也不會受傷。

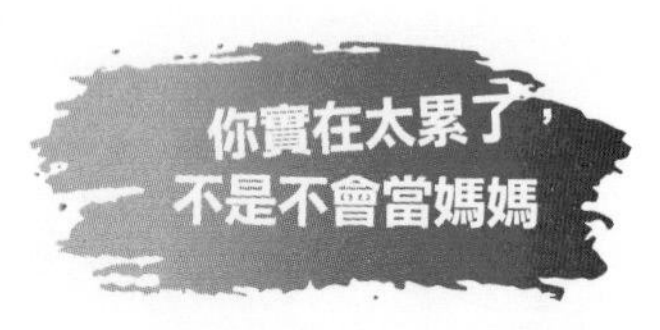

面對這些關切的訊息，我心中感到相當震驚。**原來在分享自己懷孕喜悅的那一刻起，我的孩子就不只是屬於我自己的了。**大家都在看，你有沒有好好照顧、教養孩子。你是不是一個好媽媽。

不知不覺中，當我也成為「母親」這個角色後，我的身上就背負了許多社會期待，以及應該要盡的責任與義務，甚至形成我對自己「是否夠好」的評價的標準。

媽媽為孩子做盡一切，卻忘了照顧自己

因此，不論是來到我諮商室中的女性，或是我身邊的媽媽們，我都看見了那個因為疼惜孩子，而對自我也有著高期待、高要求，甚至已經近乎苛刻的標準在鞭策自己的母親。

明明已經擠不出奶來了，卻仍為餵不飽孩子而難過，明明上班回家就已經很累了，還是想做無油、無鹽的健康晚餐，讓家人享用，但孩子餓到七八點，鬧了脾氣，又挑食，不肯吃，媽媽只能責怪自己煮的菜色不夠豐盛，或是無法爭取更多時間早回家。

將這些看在眼裡的我，好為這些母親心疼。如果為孩子做盡一切「為你好」的事，卻忘了把「自己」也放進去，而只是讓孩子感受到媽媽總是好累、好疲憊，對孩子來說，這真

的會比較好嗎？

養育孩子就像大隊接力，大家要一起完成

放過自己吧！**跑不下去的時候，本來就該在路邊休息、喘口氣，才能繼續跑下去。**該交棒的就交棒。養育孩子就像大隊接力，本來就是要大家一起完成的。不能交棒的時候，也千萬別把心力全都押在孩子身上。

請記得，不時地觀照自己：哪裡不舒服了？哪裡感到受傷了？回頭幫自己止血、包紮一下，並允許自己是個爾偶會偷懶、會糊塗、不那麼完美的媽媽，孩子自然也不用非得成為一百分的天使寶寶不可。

好好肯定自己，「我其實已經很棒了」，那麼，我們才有辦法去抵擋外界對於稱職母親期待的洪流：不要再教我怎麼當一個好媽媽了！

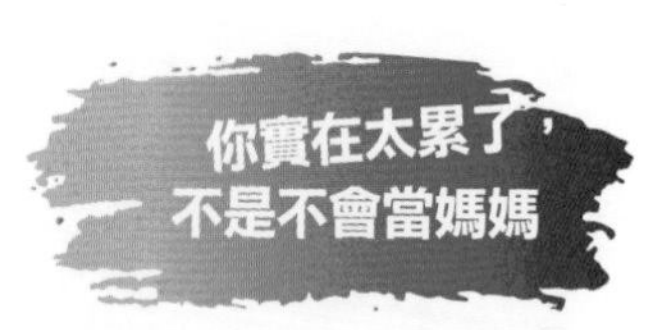

從育兒的挫敗與自責中，掀起過往原生家庭的陰影

當孩子哭鬧失控與媽媽慌張無助、著急與挫敗時，媽媽才是需要先被擁抱的那個。因為，每個母親心中的「內在小孩」，才是應該好好先被安撫的。

一闔上諮商室的門，潔伶就開始向我撲簌簌地哭著說自己體罰孩子的不是。

潔伶的孩子才一兩歲，是個用嘴巴到處探索世界的年紀，但潔伶不要孩子東吃西吃。潔伶對於充滿細菌病毒的環境感到焦慮。

娃娃床邊圍了圍欄，孩子用舌頭去舔。潔伶伸手阻止，卻讓孩子哭鬧不休。孩子的小手用力一揮，正好打在潔伶的臉上。

潔伶好說歹說，試圖安撫孩子的情緒，但潔伶自己的情緒，卻隨著孩子的一巴掌而潰堤。

「於是，我就打了他，不是很重。可是，我知道我就是要打他，讓他知道媽媽剛剛就是這樣被打。

「我還把東西全部扔到他的圍欄裡，我說：『你要吃，是不是？那你就吃吧！你吃呀！』

「我一邊丟玩具，一邊跟著我的孩子一起哭。我想到以前小時候，我媽就是這樣對我。如果我任性說還要玩，她就會把我壓進玩具堆裡，說：『你玩呀，你不是要玩？』我最痛恨的就是她壓著我無法反抗，但我現在卻這樣對待我的孩子！」

來自原生家庭的傷痛

潔伶是一個凡事謹慎，事前都要完美規劃的能幹女性。為了生孩子，潔伶與先生討論了很久。他們上網查該有什麼準備，從存款多少、兩人未來工作如何分攤，到生了孩子之後，兩人仍不斷地閱讀文章，學習各種育兒新知。

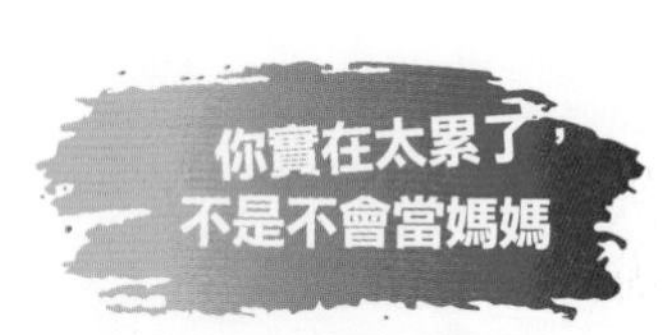

潔伶覺得自己像塊海綿，可以不斷虛心接受各種指教，因為她希望自己對孩子的教養能夠像工作一樣順利，甚至是有機會被稱上「傑出」，卻沒想到路上絆了一跤，而這一跤還是對孩子報復性的體罰，且順帶掀開她過去最痛恨，也最不願意面對的家庭陰影。

原來潔伶的父母是出身有些聲望與成就的公務人員家族，兄弟姊妹的子女，個個也都在班上名列前茅。親友聚會上，不是比較孩子的演講比賽得名，就是笑著抱歉孩子又上了哪個才藝班，無法出席。

每次這個時候，潔伶都在角落悶不吭聲，因為**她知道這些「出色孩子」是用什麼樣殘忍的方式養成的。**如今，她果然也不辜負所謂的父母栽培，成為業界有頭有臉的人，而明明不缺請人看養孩子的經費，潔伶仍堅持要自己帶孩子，不想找保母、托嬰中心，更不考慮請公婆或娘家來幫忙。

如果可以，她甚至想告訴爸媽：「我最痛恨的，就是你們這樣的體罰我。我絕對不會這樣教養孩子。」

正是因為不想讓自己的父母來顧孩子，才選擇不要所謂的「後援」。但面對這樣自己也不願的失控、脫序行為，親力親為的全職母親潔伶，該有多無力。

潔伶對自己帶孩子的期待越高，育兒生活就越加緊繃。除了犯了教養書上的「不應該」

而感到難受外，還有更多的歉疚，是自己竟然複製了過去父母不當對待孩子的模式。

明明是那樣的拒斥，卻又還是重蹈覆轍，潔伶感到萬分沮喪與自責。

越害怕複製到孩子身上的模樣，越容易在我們脆弱的時候展現

有多少人也是因為這樣，帶著過去的陰影，而在育兒路上時時刻刻繃緊神經。不知何時，自己的眼光與心神已經從孩子身上，悄悄轉移到「自己的影子上」。影子裡是過去那個內在小孩，他緊緊抱著我們已經遺忘許久的內在需求。我們常以為自己是為了不要重蹈覆轍而選擇繞路走，但沒有想到，還是被它牽引著，讓自己做出許多決定。

過去與父母的衝突關係，讓潔伶長期處於消極的隱忍與壓抑抵抗的怒氣上。從離家念書、異地工作到最後嫁了人，也名正言順的搬離那個家，都是一種隱微的叛逆、對抗。用盡力氣的結果，以為早就忘了自己真正想要的是什麼，沒想到好不容易擁有了自己的孩子，才發現原來自己還能感受這樣無條件的愛，也喚醒了過去對於安全感、被肯定的深層渴望。**無奈過去對愛匱乏的經驗，讓潔伶不自覺地又想透過可控制的育兒教條、付出就會有所回報的方式來索取。**

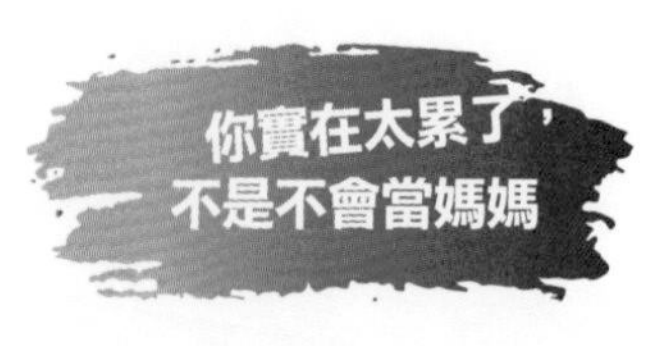

透過孩子的乖巧與安定表現，所建立起的安全感是那樣的小心翼翼，但也讓完美主義的潔伶開始有點信心，覺得「我也能是個好媽媽」。

偏偏好不容易重新獲得的肯定感，這下子，卻被孩子的哭鬧而崩解。潔伶不知道問題出在哪裡。為什麼自己已經這麼努力了，事情卻還是無法如她所願。

這樣的脆弱，讓潔伶心裡內在的小孩也破殼而出，並任性地嚎啕哭泣。

於是孩子哭，潔伶也哭。孩子發怒，潔伶終於也忍受不了。她就像個無助的大嬰兒一樣，做著自己都無法理解的行為。潔伶把玩具也都扔在孩子身上、說著孩子根本無法理解的憤恨話語。

待回過神來，潔伶才發現自己的情緒化行為，也一掌打散她對自己成為「好母親」的期待。

請對自己說聲：「沒關係的，你已經很努力了。」

其實，每個母親心中的「內在小孩」，才是應該要好好先被安撫的。我們才能在育兒這條路上，看見孩子真正的樣貌，而不是一直去填補自己影子帶來的陰暗。

過去的我們期待被父母安撫，卻總是落空，最後只能選擇忽略自己的需求，但其實在成為一個「完美的人」的過程當中，我們卻充滿焦慮，時時刻刻擔心自己哪裡犯了錯，哪裡又做得不夠好。現在成了一位母親，那樣的不安，就更容易在困難又複雜的教養孩子過程上展現。

現在，你是否願意對自己說聲：「沒關係的，你已經很努力了。」放下完美主義。當孩子哭鬧失控與媽媽慌張無助、著急與挫敗時，媽媽才是需要先被擁抱的那個。

請不要在這個時候，還氣急敗壞地拿著鞭子懲罰自己。覺得自己做得不好與失職。沒有人是完美的，自然也沒有完美無瑕的乖巧寶寶。面對這個才剛來到新世界而充滿神祕、未知的小生物（事實上，家有青少年的父母也會形容孩子彷彿外星人一般，令人無法理解），那些不如己意就只能透過哭叫，表達抗議，用肢體衝撞來宣洩情緒，這都是很正常的。

我們得先站到理解孩子的限制與困難上，才能夠陪伴他穩定情緒，並慢慢走出來。而在這樣的過程中，**對於母親而言，更重要的意涵在於：當我開始允許孩子能夠哭泣，某些程度上，其實你也正在告訴自己「不用那麼逞強，沒有關係」。**

只要我們開始有所意識「我又在看著自己的影子了」，其實，我們就已經和過去的父母親有所不同。我們的孩子也不是當年的自己，因此，他也不見得就會變成我所不願承認的

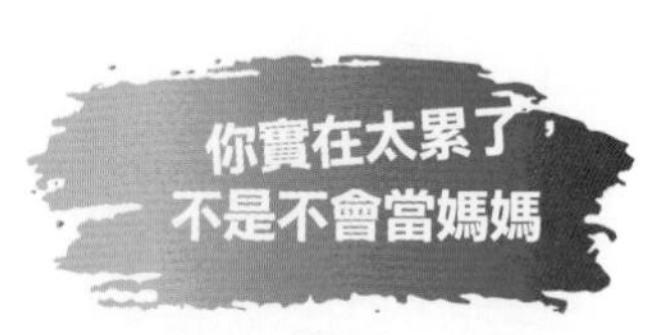

怨懟模樣。

所以，不要再逼自己非要做到最好不可了。我們需要開始慢慢滋養自己內在的匱乏的孩子。

我們應該先鼓勵自己：「你已經很認真了。」

我們常看到教養書提醒著父母，重視過程，而不要重視結果。透過孩子努力的經驗，鼓勵他，而不只是用最後的成績來評價。因此，我們也該這樣先鼓勵自己：「你已經很認真了。」並透過自我接納來填補那樣的陰影。孩子的負向情緒或行為，就不會有機會成為壓垮母親的最後一根稻草。

最後，**我也想告訴在這條路上，不免因為自己打罵管教孩子而感到自責與歉疚的母親們：「關係不怕斷裂，只怕不去修補」**。這是我在成為諮商心理師與母親的路上，也受到許多資深親職老師們所給予的鼓勵。

只要看見我在育兒路上陷入的大洞為何，我都還來得及為自己填補凹洞，而那樣能夠自我療癒的母親，才有更多機會跟孩子修復關係。

你跟公婆住？也太厲害了！

當與公婆同住時，若能看見公婆需要被解決的潛在困擾，主動準備可以替代的選項，例如，提前預約好親子館的課程，並規劃好路線，提醒老人家可以怎麼帶著孩子前往，以及預備好適合孩子的點心，或是替代3C育兒的繪本與靜態玩具，反而能讓長輩也從中學習到現代父母的育兒模式，彼此成長。

「老人家說是要幫忙顧孫，結果都是帶出門炫耀。老人家也不覺得汽車座椅重要，害我整天內心惶惶不安……」

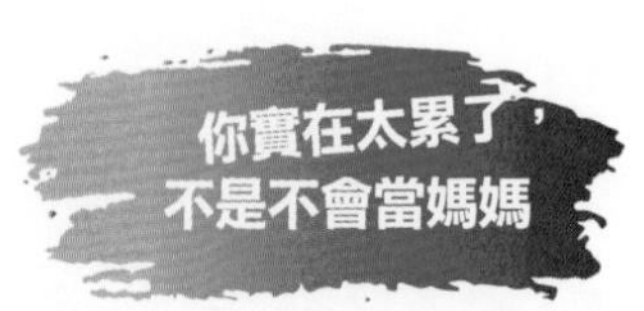

「他爸媽怎麼能夠趁我們出國時，自己跑來我家，打開我房間，甚至是衣櫥，還說是『幫我整理』？」

「婆婆稱讚我先生的弟媳，過年都會給她老人家包紅包就算了，還問我：『你公司年終應該也發很多吧？』你說我婆婆是不是在暗示什麼？」

諮商室就好像媳婦們的秘密樹洞，盡情地讓人傾倒那些無法向伴侶抱怨的負向情緒。有些是自己也想當個溫柔、婉約的好媳婦，而選擇隱忍。有些則是向先生明示、暗示後，得不到回應，沮喪又挫敗的只好在關上會談室的門後，才有機會一吐為快。

尤其是年節將至，隨著過年返鄉的日子漸漸逼近，不管是為人子女，還是做人媳婦的焦慮，也隨之快速蔓延。

諮商室的門被敲響，一段段壓抑、委屈的故事紛紛在此展開。

你怎麼敢跟公婆住？

「你跟公婆住？也太厲害了吧！」我想起周遭朋友們聽見我與公婆同住後，不約而同的吃驚反應。

其實，我自己婚前也未曾想像過這樣的生活。想不到，一眨眼，連第二胎都要準備生了，自己竟然還好手好腳地待在這個大家庭裡。

還是個單身小姐時，老愛三五姊妹窩在一起，聊愛情、談婚姻，信誓旦旦地認為以後一定要小夫妻倆自己住、產後立刻復工，並請保母帶孩子、買三機（洗碗機、掃地機、烘衣機）救婚姻，怕的就是《82年生的金智英》那些受迫與身不由己的現代阿信情節，出現在自己身上。

那些每逢年過節，網路上就會自動跳出光怪陸離的「內容農場」新聞，不外乎是婆婆要求媳婦初二待在家，煮飯給大小姑吃，不然就是長輩們阻撓自然生產，硬是要在良辰吉日剖腹，求得小孩，卻苦了媽媽等文章。

劇情誇張，卻不難想像的焦慮內容，讓我擔憂要是自己遇上了，該如何面對與接受。

因此，我還深刻記得當懷第一胎時，先生認真計算規劃，並詢問我的意願，是否想要跟公婆同住，直到孩子六歲上小學。

我第一時間就感到頭皮發麻，並開始有許多恐懼的想像。

光是不能穿著內衣褲在家裡到處亂晃這件事，就足以讓人覺得綁手綁腳與不自在，更遑論我完全不知道自己這種什麼家事也不會做的德性，是否討人喜歡。我只能使用拖延戰術，讓自己逃避做決定的兩難。

然而，計畫總是趕不上變化。孩子的提早出生，讓人無暇放任恐慌的想像。照顧新生兒、擠奶餵奶的育兒事務，也沒時間給人胡亂猜疑與抱怨。

加上在月子中心時，我曾獨立試著給孩子洗澡、洗屁股，卻挫折不已。返家竟發現婆婆把孩子一攬上身，兩分鐘就能安靜的光速解決，我開始更難想像自己獨自奮戰，並且好好打理家務的景象。

於是，一家三口便也順理成章的成了三代同堂。享受祖父母帶孫的天倫之樂與小夫妻偷得兩人時光之餘，自然也少不了各種芝麻綠豆的大小衝突與磨合。

與公婆同住，有得，也有失

凡事有得，必有失。有了孩子之後，是否同住的糾結，變得更大。

那些在家能不能內衣、短褲的穿著困擾變得瑣碎，而沒心力計較，更多的是，**「我的孩子」成了「大家的孩子」的無措與乏力**——從孩子半夜驚醒，動員全家大小。「應該是尿布要換」到「你應該要抱直的」的你一言、我一語的疲勞轟炸，還有餵孩子吃飯時，來自長輩的「嘴巴空了，她還要吃，趕快餵……」跟自己的「餓了，自然會自己吃」的信念打架……

許多未婚時期根本不被放進想像裡的現實生活，以為可以好好待在檯面下的不舒服，全在孩子出生後，不得不全都掀到檯面上。

孩子剛出生的頭一兩年，需要後援協助，卻需要許多妥協的育兒生活，也時時刻刻挑戰自己的反抗，並在是否「放下」中拉扯。

裡面不時摻雜著我與先生的衝突、想拋家棄子離家出走的衝動……之後，漸漸地找出不過於彎折自己的期待與要求，又能融入這個大家庭的模式。

一、有求於人的時候，就不要求全順己意

許多家庭選擇（或是無法拒絕）與公婆同住的理由，大多都與小夫妻的生活仍「有求於人」有關。

有的是，房子是長輩出一半的錢，有的是，需由長輩來協助雙薪家庭的孩子照顧等。此外，在有了孩子的親密關係經營中，夫妻之間的角色平衡仍需被重視，而不能有了孩子，

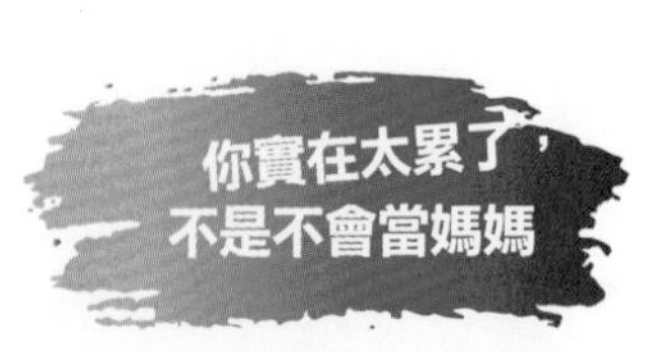

雙方就被困在「父母」的角色中，因此，如果能有後援、幫手幫忙帶孩子，讓自己與另一半得以好好做「伴侶」，也是很重要的喘息。

當有求於人時，生活的品質，以及互動時的價值觀，就不要求全順己意。這裡指的不只是消極地接受一切，而是**思考是否能從父母這一方，積極地去理解長輩的困難，並提供協助。**

像是長輩幫忙帶孫，既費力又吃勁，如果還要兼顧家務，其實無法好好帶著學齡前的孩子出門蹓躂，消耗體力。當丟手機或開電視就能讓孩子安靜一下午，或是老買垃圾食物當作酬賞，來讓孩子聽話，都是很常見的景象。

如果只是不斷向長輩叨唸、勸說，抱怨他們觀念過時，或是帶孩子的敷衍與不用心，其實也無法幫助他們解決問題。反而可能因為自己的幫忙被否定，他們變得更頑固、跳腳。

但若能看見他們需要被解決的潛在困擾，主動準備可以替代的選項，例如，提前預約親子館的課程，並規劃好路線，提醒老人家可以怎麼帶著孩子前往，以及預備好適合孩子的點心，或是替代3C育兒的繪本與靜態玩具，反而能讓長輩也從中學習到現代父母的育兒模式，彼此成長。

另一種例子，是**維持界限清楚的對等關係**。我曾幫保母系統上過一系列的積分課程，當中有長期擔任親屬保母（帶的孩子當中，也包含自己的孩子或孫子）的阿嬤與我分享，如果帶的是自己的孫子，她仍會跟自己的兒女簽保母合約。

例如，你晚帶回家，當然要付我加班費呀！如此一來，如果不希望餵食孩子糖果、餅乾，或是希望用自己買的天然洗劑，清洗孩子的衣物等等要求，也能直接溝通彼此的期待與規則，而不需要為了客氣、營造關係和諧，處處容忍、退讓，最後還可能落得「愛計較」的壞媳婦罵名。

二、自己的父母，自己來吵

對於無法容忍的界限被侵門踏戶時，我的苦悶與不自在，另一半理解嗎？還是當我在奮力反抗的時候，還得處理來自伴侶對於自己爸媽被嫌棄、指責的抗拒與憤怒呢？

當敵人越少，我們才能越游刃有餘地兼顧「母親」這個複雜的角色。既要維持家務，又要把孩子帶好，還不時要打點自己跟丈夫的生活，因此，如果把先生也變成要費力對付的壞人時，媽媽們會更加辛苦。

有時候，我知道事情沒有一定的對錯，但就是彼此不合拍，或是感受上不被尊重時，只

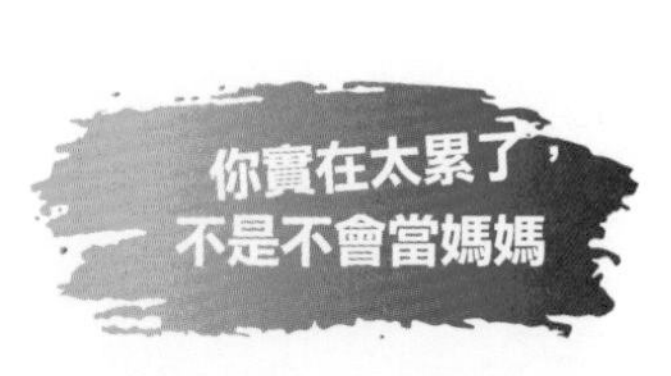

是想找個人抱怨、討拍，抒發自己的不滿，那麼請記得：要抱怨，也要在先生主動嫌棄他爸媽的時候，趕快跟上。落拍了，或是看不懂伴侶的眼色，遠比一起對付長輩還要辛苦。畢竟，有的時候我也會討厭自己的父母，但自己的父母被別人公然嫌棄與指責的時候，還是會有自己也被羞辱的感覺呀！

此外，**夫妻之間需對於共同生活能有明確底線的共識**，當真的被踩踏，而需要劃下界限的時候，才能一起共同承擔。

例如，有的人在意安全座椅的規範，有的人不願給孩子接受民俗療法、喝符水，當長輩真的做出對父母而言「破壞」的行為時，兩人都能放下「大家庭要和諧相處」的鄉愿期待，勇敢表達明確的原則，並一起承擔可能的後果——沒有人想故意處在不舒服的關係中，可是知道另一半可以理解陪伴與支持，會讓人比較有動力堅持下去。

三、想要討好的「所有人」裡，包含我自己嗎？

與人相處本來就是一門沒有盡頭的困難學問，因此，同住一個屋簷下的人越多，舒心的生活就越顯得不容易。

許多人在權衡之下，乾脆所有事情都選擇自己承擔，而選擇搬出來自己住，然而亞洲文化下，家庭關係不可能這麼容易就可以「斷捨離」，因為除了問題能否被解決之外，我們仍期待「被喜歡」、「被認可」，導致很多人在進入了一個自己完全不熟悉的大家庭中，開始為了「媳婦」這個角色而受苦受難。

明明交辦的事情都做了，卻還是不得婆婆歡心，或是也沒被餓著、凍著，但面對自己總是最晚上飯桌，還得應付孩子吃飯，老覺得自己的順位被排在全家最後面，而感到不是滋味的例子，也不勝枚舉。

其實再怎麼樣，**「媳婦」這個角色都不會是真正的自己人，那麼就乾脆心裡頭就做個客人吧！**

我們雖無法舉著「我是客人」的牌子，到處張揚，但至少得先自己放下「情同母女」或姐妹淘的期待。即便是最親密的伴侶，都需要留點距離給彼此，才是比較舒服的關係。留點力氣照顧自己，別討好了別人，卻讓自己委屈。

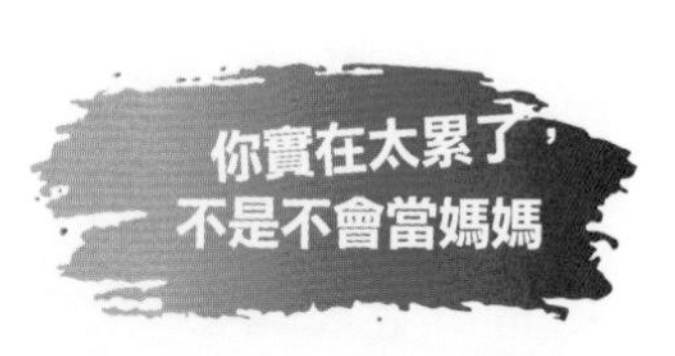

四、接受沒有百分之百完美的組合

我其實是個滿無才的媳婦。從小到大，沒幾次進廚房的經驗。光看食譜，也搞不清楚一茶匙的匙，到底是哪一根才對，自然也沒什麼機會端菜上飯桌。因此，如果桌上有自己不喜歡吃的菜，我也不會抱怨。

此外，我的工作作息特殊，也很難配合先生一家的家務進行。大多數的衣物雖然都是交由婆婆負責，但遇到特殊清潔的部分，也只能咬牙花錢，請乾洗店處理，被染色洗壞的，也不可能像過去找自己媽媽大吵一架，還要求漂白，只能認命的丟棄，也是我對自己不經手家務的選擇。

我覺得我沒有特別厲害，甚至很佩服選擇自己住，願意夫妻倆一肩扛下工作與育兒生活的小家庭。

作為一隻吃家裡、住家裡的米蟲，當然還是有諸多抱怨與不滿的地方，但也就這樣適應跟生存了下來。

畢竟夫妻兩人跟孩子的生活，我也聽過衝突不斷的例子。光是想像家務得加倍負擔，彼此的情緒界限沒有距離，我就感到喘不過氣來。

我常開玩笑的對朋友形容：「雖然老愛抱怨長輩帶孩子散漫、先生脾氣很壞，但我自己也很情緒化，又愛記仇，所以這樣分數不高的組合，似乎也就剛剛好。」

看見別人家的壞習慣、為了與自己不同的價值觀而感到不舒服，也是很正常的，那不就是人嗎？我想一定也會有人抱怨或嫌棄我這懶散的媳婦，老愛寫一堆心理專業文章，卻連一些基本家務都不會做，根本就是個生活白痴吧！

既然我也不是完美的，就別一直把別人的疙瘩當成自己的。**沒有一種選擇是十全十美的**，而我接受，我不用當個一百分的媳婦，並為自己的選擇，多找回一點主控權，以及為自己的幸福負責的能力。

「因為你很乖，所以老天讓媽媽懷了一個弟弟。」——無所不在的性別期待與成見

無論周遭人或社會的期待為何，我懷胎十月生下的孩子，都是一件令人喜悅與幸福的事呀！

有天，我跟先生一起吃飯，他突然有感而發：「我覺得作為女孩子，真的得要擁有比男生更好的ＥＱ才行。」

原來那天他聽見平時對我們孩子照顧有加的長輩，對著獨自在角落玩耍的女兒說：「因為你很乖，所以老天讓媽媽懷了一個弟弟。」

女兒不過三歲多，有聽沒有懂的，也跟著長輩一搭一唱。但是聽在先生耳裡，卻沒有那麼容易消化。

先生靜靜地回到房裡，沒有回應，但他開始思索，原來在這麼小的時候，女孩子就要開始面對因性別不同而有的對待，以及社會無形之中賦予的期待與任務了。

難以消化的「安慰」與「好意」

女性面對這麼難以回應的話語，難怪要擁有更好的EQ、去看待長輩言語裡的祝福與善意，並**釋懷那些長久以來傳統文化過渡到現在生活中，仍不時地細綁我們的性別期待，還有根深柢固於社會的差異評價。**

我不太知道先生這句話究竟是對我說，還是對著我們的老大而感慨，也可能兩者都有，而這也留在我的心底，餘波盪漾。

我想起懷老大的時候，我仍在親子館工作。很多阿公、阿嬤帶孫子來玩，看見我的肚皮，都紛紛熱切關心地詢問是男是女。

當我回應是女寶寶的時候，不少人都一臉惋惜地說：「哎呀，醫生不準啦，搞不好最後

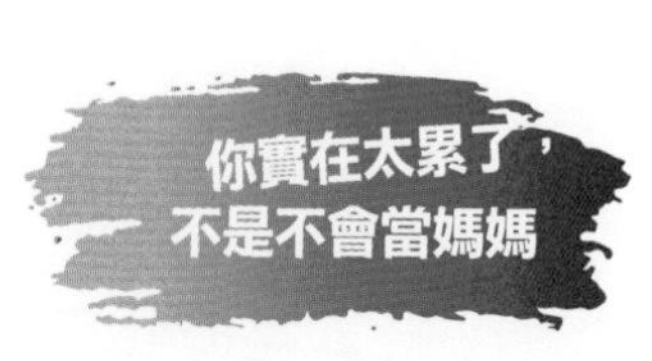

還會翻盤！」

我母親的回應更是有趣，當我跟她說時，她愣了一下，馬上告訴我：「沒關係啦，女生也很棒，以後還有機會。」

但其實我並不失望，也沒有任何不喜歡女寶寶的心情。不過，只是單純的性別揭曉，卻收到這麼多人的「安慰」與「好意」，讓我一時之間也反應不過來。

我覺得那些一湧而上的關愛，其實稱不上是種冒犯，卻也沒辦法讓人好好地安然自處。

我其實不怪我的母親以及這些努力給予我們與孩子愛的長輩們。畢竟比起過去年代的人們，直接地表現出失望、狠心地指責女孩子都是賠錢貨等等祖母輩的感傷故事，我感受得到他們也在用自己的方式，努力跨過那道坎，說服自己男女都好、男女都優秀、女生也是一種祝福。

只是，我也還在消化、吸收這些還沒足夠令人釋然的「不自在的善意」。只能希望到了我的孩子這一代，上一輩的性別角色期待會更平衡，她／他們都能活得更有自我價值。

我選擇先照顧自己的內在

我長嘆了一口氣。我家的長輩至少都還努力地調適他們的失落，或是避免表現出在意，而為我增添壓力，但我仍然感受到了那樣的彆扭情緒。

一方面，我有點暗自慶幸至少老大還是家族中的第一個孫子，獨享了近四年所有大人們的愛；但另一方面，也開始憂心，那些得面對毫不掩飾傳統觀念的長輩親友，或是心思更為敏感細膩的媽媽們，心裡頭該如何承受。

精神科醫師鄧惠文在一篇專訪時曾提及，自己帶著學齡前的女兒搭電梯時，也遇到長輩稱讚：「孩子好乖，會招弟。」面對孩子的疑惑，鄧醫師的回答是：「阿嬤想把最好的東西送給你，而她覺得『弟弟』是一個很好的禮物。」——那是多有智慧與高度的包容與接納呀。

然而，執行起來，卻很不容易。我得先回頭檢視自己內在突然塌陷的部分，是被外人強加價值觀在身上的那種受迫與被侵犯感受，還是從小以來，自己作為女孩子，也被次等對待的不平與沮喪？

若不能好好地先把自己的不舒服照顧好，很容易就會投射自己的匱乏與憤怒在他人身

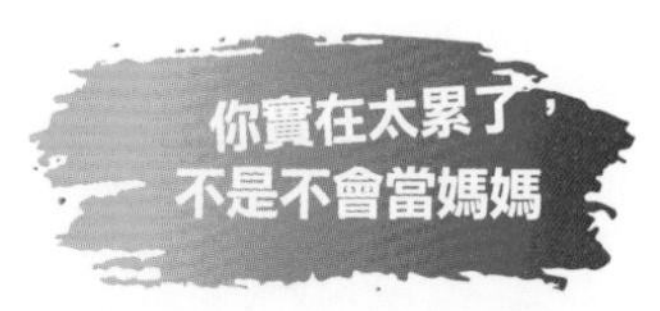

上，變成網路上為戰而戰的鄉民網友：「就是這樣，才養出一堆現代媽寶。」「以後就不要期待女兒長大後會回家照顧你。」而無法真正的坦然與接納——無論你的期待為何，我懷胎十月生下的孩子，都是一件令人喜悅與幸福的事呀！

矛盾世代的媽媽們：我們都被傳統文化撫育，卻受現代教育鼓勵追求個人成就

會有這麼多的不舒服，也和我們這一輩的母親，正處於青黃不接的矛盾世代有關。

我在親子館工作時期，遇到了一群「培力媽媽」，她們努力為自己的第二事業推廣、打拚。

帶頭的老師說她原本是企業的講師，進入到了媽媽社群演講時，發現許多母親也是高學歷，但在生了孩子，成了全職媽媽後，就被「困在」家庭中。

明明過去也有亮眼成就與卓越的能力，卻在育兒、持家的庶務中被消耗殆盡。

於是，她承接了媽媽們的企求，期待能夠兼顧帶著孩子，也能發揮自己的所長，而與親子館接觸。

不論是先從「故事媽媽」開始，還是擔任親子課程的講師，希望這裡變成她們的友善舞

台，即使帶著孩子，也可以繼續發光發熱。

當時的我，還未成為一位母親，卻深深地被撼動。**原來這個世代的女性，要繼續尋找個人價值，卻仍會想著要如何兼顧帶著孩子、參與寶貝成長，而顯得更為艱辛與不易。**

如果我的母親看在眼裡，可能還會說：「以前我們哪有你們那樣的福氣。從小讓你讀書，結婚後，先生還能夠讓你在家帶小孩。」而認為我們自找麻煩，不懂惜福與安分守己吧！可是，正因為我不想要自己的存在，被傳統的「女性本分」所囿，而更想要極力抵抗，所有可能加諸在我孩子身上的刻板成見與性別枷鎖。

有了孩子之後，我開始意識到自己的專業。擁有許多機會，可為女性創造更多友善與接納的職場環境。

於是，我開始挑戰帶著孩子去親子館上班，沒帶孩子的時候，我會跟館內的家長，一起共用哺集乳室。

許多媽媽見到我跟她們其實也沒有什麼不同時，我們反而有了更多內在的交流與分享——原來大家都能是「培力媽媽」。

雖然有時候僅是小小的突破，帶著孩子，有時也會覺得負擔與辛苦，但會讓我們的收穫

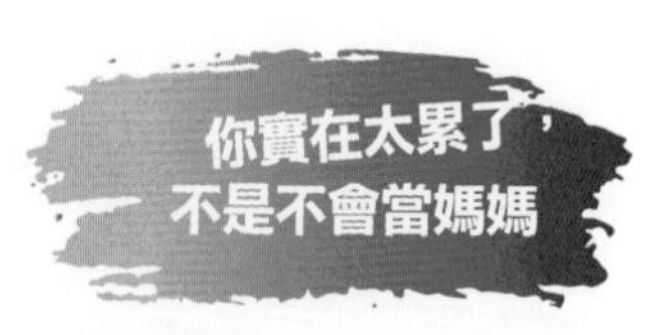

更加紮實、豐厚與令人感動。在犧牲與所得中，我更願意去看見「所得」為我帶來的成就與滿足。

真正的安心自在，是經驗到「作為女性，也可以很棒」的那一刻

最令我印象深刻的是離開親子館，回到諮商工作後，我有一個機會與過去的主管一同參與創業。

在那個會議上，由於討論到未來半年的計畫，我很抱歉地告知自己已懷孕的待產狀態，而意外的，會議中的創業夥伴們全都是比我還要資深的母親，聽見我懷孕時，她們不是皺眉，煩惱被延宕的計畫，而是恭賀與支持，並不時地穿插分享育兒經。

原來多年下來從帶兩個孩子，甚至到四個孩子而蠟燭兩頭燒的媽媽們，累積出來的三頭六臂與效率能力，在這個時候，反而更能幫助我們精準、有效的分工討論，也沒有人會對誰需要提早去接孩子而感到被拖累。

我覺得那樣的畫面得來不易。作為五、六、七年級的女性，我們許多都是受現代的教育學習長大，但卻被傳統文化所撫育、成長，因此許多的衝突與猶豫在我們的心中發酵時，

我仍習慣跳下去擔任那個照顧孩子的角色，但又不甘願自己就這樣只被家庭角色所定義，而還是想嘗試在個人價值上，多為自己尋求一些成就與肯定。

因此，**我更希望能為我們這個世代的媽媽們，帶來「我們都在同條船上」的寬慰與打氣、鼓舞。**

也許船隻很小，不免還是綁手綁腳的（有時還拖拉了一個名為「孩子」的小汽艇在後頭），但是，我知道自己是可以有所行動的，開始期待可以航向不同的地方。我感到自己還能有所前進，而非停滯、受困。

當自己能走出屬於女性自在的一條路時，我也不用再為我的孩子擔憂，或者要變成強悍、武裝的姿態，以阻隔那些過時的成見與標準來浸染孩子。因為，我的孩子已從媽媽身上找到最好的榜樣。

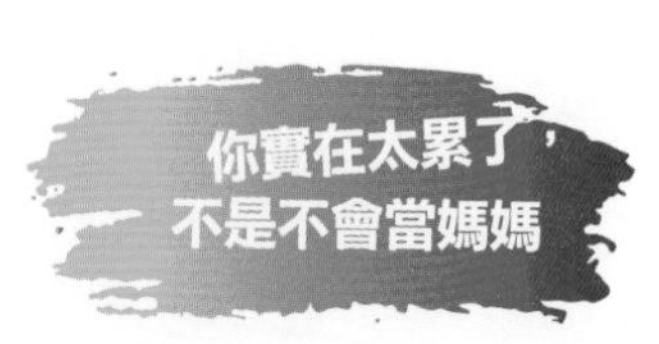

黑掉的媳婦——我如果當個逆媳，你還會愛我嗎？

一個做媳婦的最高境界——原來你也可以擁有不喜歡對方的權利，但不需用攻擊、貶損對方的方式與之抗衡，而仍能堅定的保有自我，自在的做自己。

我從小就是個有點被寵壞的孩子，託有一個傳統持家的母親在家忙上忙下的福，我不太洗衣服，也不會煮飯，就連吃完飯的碗盤，也是母親一嘴叨唸，才心不甘情不願地端進洗碗槽裡。從小到大，不是像個千金似的住家裡、吃家裡，就連出了社會，在外地工作，仍幸運地遇到黃金室友。青菜都是對方老家寄上來，室友熱情的燙給大家一起吃的。因此，在嫁人之前，我母親對我的嫌棄、嘮叨從來沒有停止過。

「你以後嫁進人家家，什麼都不會做，看人家怎麼說你！」

「你怎麼這樣跟大人說話？嘴就是要甜一點呀。以後嫁進別人家，人家才會喜歡你～」

每次聽到這種話，我跟我的母親當然免不了一番唇槍舌戰。

有趣的是，當時的我，也只是很直覺地反駁我的母親：「拜託～我也只有在家這樣好嗎？我在公司，還會幫忙打果汁咧！」或是既軟爛又賴皮地回答：「那也是在家裡有你做，我才懶呀。我在別人家才不會，好不好！」

但我漸漸發現，在家務分工中同樣被寵壞的弟弟，頂多被我母親唸著：「這麼大了，怎麼碗放一整天，也不會洗？」卻從不會提「以後娶老婆」怎麼辦之類的話。

當媳婦的「學問」

人生終究不太可能一輩子爽爽的蹺著二郎腿過，我還是嫁進人家家裡當媳婦了——跟公婆同住的那種，並發現所謂的「願意幫忙」，在嫁作人家媳婦的角色任務裡，是多麼奇怪的

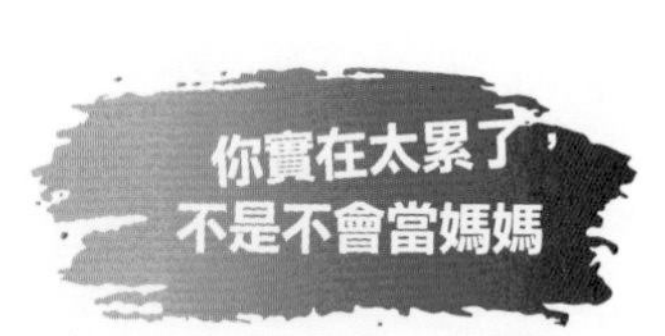

存在：媳婦「本來就應該」要做家事才對呀，怎麼會是「幫忙」呢？你怎麼會只有打掃自己的房間而已呢？家裡面的客廳、廚房、浴廁是「我們一家人」共用的，當然要一起負責囉！

於是，婚前的禮貌與客氣，在婚後，則成為了必要與當然。幸運的是，公婆也沒對我這個家事白痴的媳婦翻白眼、指手畫腳，但我自己還是覺得哪裡怪怪的。

當一家人吃飽飯，坐在客廳，看著電視，我的婆婆便開始收拾餐具。當她一人走進廚房，開始清洗碗盤時，我就開始如坐針氈，最後，我還是跟著跑進廚房，幫忙壓洗潔劑、把碗盤放進烘碗機裡頭，聽著婆婆告訴我：「深的盤子放左邊，淺的碟子放右邊，你公公拿出來用才習慣。」

我突然好像有點理解了。**嫁人之前與之後的衝突感受**，那種感覺好像找工作一樣，如果自己面試時，佯裝著一百分的樣貌，進了公司後，若不能做到一百二十分，最後吃苦的還是自己。

換作媳婦這個角色，原本只要碰面時，讓自己表現得端莊、體貼就好，想不到一起住之後，想要吃飽飯就蹺個二郎腿、滑手機，也覺得綁手綁腳，更遑論有了孩子後，還有「是否勝任好媽媽」的任務、壓力。**種種來自夫家的考核與評價，不知壓垮多少世間媳婦。**

婚姻不是只扮演好太太、好媽媽就夠了，還有「好媳婦」?!

有趣的是，網路上有許多「好媳婦妝容」、「好媳婦穿搭」的教學，討論度熱烈程度不下面試妝容、約會穿搭。足見交往中的女性，對於「醜媳婦見公婆」的壓力與不安，以及期待自己被喜歡、被認同與接納的渴望，有多麼深。

但是真正進入了對方的家庭後，「媳婦」們開始發現，進去之前可以當客人，不用洗碗，也不用煮飯，但一旦被「認證」後，長輩們開始會在吃完飯前，把自己叫進廚房，開始「幫忙」。

我甚至聽過，準婆婆要準媳婦跟著進廚房：「煮飯給我瞧瞧。」準婆婆在旁盯著準媳婦的手法，開始評論準媳婦的做菜手藝，還有叮囑「我們這家人」的用餐偏好與習慣。

於是，媳婦開始感到壓力，甚至對比家中其他妯娌姑嫂，而看到婆婆的偏心，並感到不公平與委屈、傷心。到底是我做得不好，不得你歡心？還是，你本來就不喜歡我，對我處處挑剔？

原來，婚姻不是只扮演好太太、好媽媽就夠了，還有「好媳婦」。被認定是一個「不稱職」的媳婦，就足以令人沮喪萬分，而若是被標籤為「逆媳」，往往就不只是「我努力」

就可以簡單解決的問題了。

我自己，包括身邊的女性朋友們，我們這群「現代媳婦」有著一些矛盾又衝突的困境。在「男女平等」教育下的女性，有些教育程度與社經地位甚至不亞於自己的丈夫，不論對於養育孩子，或是財務家務分工，也有相當程度的想法與主見，但**對自己「媳婦」的角色，仍有著被喜歡、被認可的期待**，而在與公婆相處的衝突中，讓自己痛苦不已。

許多媽媽為了孩子，寧可讓自己「黑掉」

我常聽聞許多媽媽為了孩子，寧可讓自己「黑掉」的案例。

從老人家沒有習慣帶汽座就把孩子載出門，或是老餵孩子喝多多、吃零食，甚至跟孩子講一些「弟弟出生，爸爸媽媽就不要你」的話，讓現代媳婦們火冒三丈。有的選擇直接拒絕、頂撞長輩，甚至被逼得急著在孩子面前反擊與批評。好像為了孩子撕破臉，也在所不惜。然而，這樣一做，不僅先生尷尬、為難，夫妻間吵個不停，甚至可能引發婆媳衝突、家庭大戰。這些都讓現代媳婦們身心俱疲，對自己不討喜的樣貌，也深感沮喪，渾身不舒服。

我在書中雖然常提「要為情緒劃下界限」，但能否承擔劃下界限的後果，說實在，真的很不容易。

做自己，與被接納、喜歡，彷彿成為二選一的難題。我沒有不心懷感恩、沒有不願孝敬長輩，但公婆姑嫂就不是自己的親人呀！難道我選擇了劃下界限，就得一身黑、終身黑，讓先生難做人，媳婦不是人。

曾有帶著婆媳困境的女性，來到我的諮商室求助。她強勢的外表在關上諮商室的門後，就開始止不住的脆弱哭泣。

面對婆媳衝突，她火也發了，不堪的言語也說出口了，但悔恨之意也是源源不絕地湧出，偏偏關係是回不去了。

她哭喪著臉，問我：「我還要跟我的婆婆說話嗎？」

「你的擔心是什麼？是什麼讓你想要人人都對自己滿意呢？」我問。

很多人跟自己的原生家庭也不見得是緊密的互愛關係，反倒是因為讀書、工作的因素搬出去住，或是結了婚、有了自己的家庭後，跟原生家庭拉開距離，彼此的關係才開始越來越好。那麼，面對本來就不是跟自己生活二三十年以上的陌生家庭，我們為什麼一定非得要彼此喜歡，甚至連生活都要密不可分呢？

你也許是個不夠稱職的媳婦，但不代表你是個不好的人

「你的重點不是要讓她喜歡上你，而是讓她懂得要尊重你。」《瘋狂亞洲富豪，二〇一八》。

我的腦海中跳出那部席捲歐美的好萊塢電影《瘋狂亞洲富豪》，女主角的好友佩琳，對於女主角無法被準婆婆喜歡所苦惱，而提醒女主角的一段話。

我認為**『被尊重』，不是壓制對方，讓對方感到懼怕、隱忍或臣服，而是不論社會環境那些光怪陸離的評價標準如何，都能看見自己的價值，並於其中站穩腳步**，因此，你令對方感到折服的是態度，而非那些壓過她的條件與能力，更何況，那些所謂的條件與能力，常常是為了刁難與否定而設立，根本就不存在，也永遠無法達成。

在電影情節中，女主角並沒有肥皂劇般的成為更有錢的富豪，來逆轉男主角家族的勢利評價；相反地，她藉由與白手起家的母親，重新聊起那段沒有名分的過往，拾回堅毅的自我，選擇不再參與豪門婚姻中無理取鬧的荒誕比較與競爭。

逆媳本不是天生暴躁、兇殘的人。能做個討喜的可人兒，誰想要當母老虎呢？媳婦們，不要把自己逼成了逆媳，才能讓你感到強壯，卻無法為自己帶來安全感。張牙舞爪的樣

貌，連你自己都不喜愛。

試著重新找到自己存在的意義，別人還不認同，也沒關係——我也許是個不夠稱職的媳婦，但不代表我是個不好的人。

我本來的價值是什麼？我生下來既然不是為了「成為一位媳婦」才有意義，那麼，是什麼讓我值得被愛，並讓彼此決定想要攜手成為伴侶？我們都很清楚彼此並非十全十美的人，而能夠欣賞對方的缺陷與不完美，這段關係才能走得長久。

如果，我就是沒有辦法把你的家人當成我的家人，我不是個完美的媳婦，你仍愛我嗎？而我是否也愛這樣的自己呢？

「我婆婆不喜歡我，但我也不喜歡她呀！」

那位為婆媳關係所苦的女性後來告訴我，她正在重新思索與丈夫的混亂婚姻關係，她發現好像一個人真的比較快樂。對於「為什麼想讓大家都滿意？」的問題，她想，其實自己也沒有想要被所有人喜歡，只是感到不甘願。明明自己這麼努力，卻仍不被看見。明明已犧牲，付出所有，最後卻還是被指責自私自利。

於是，她決定至少要能給自己肯定，為自己而活。不要在夫妻關係以外的婆媳相處上，還要委曲求全。當然，**她得開始學習為所做的決定承擔責任**，不論是得一個人生活，或是帶著孩子，努力練習無條件的愛。

我想起某個時期，與周遭紛紛進入婚姻的姊妹們閒話家常。當時，我很佩服一位愛情長跑的老同學，明知道一直以來準婆婆的難相處，但夫妻兩人仍決定進入婚姻。

我們問她，難道不擔心婆婆以後藉機嫌棄她嗎？她回答：「我覺得還好。我婆婆不喜歡我，但我也不喜歡她呀！」

現在想想，這也許是一個做媳婦的最高境界。原來你也可以擁有不喜歡對方的權利，但不需用攻擊、貶損對方的方式與之抗衡。保護自己不成，還惹得一身腥，而能堅定地保有自我，自在地做自己。

輯四　疲憊媽媽如何自我修復？

重新找回「我」是誰
——受困「媽媽」角色裡的不安與焦慮

孩子終究要長大，自己飛的，因此作為母親，我開始要更清楚自己想往什麼模樣成長，不只是為了給孩子一個成熟嚮往的楷模，還有將我的未來重新抓回自己的手上，愜意而無愧地過我想要的生活。

那天，我在家裡煩悶得受不了。女兒不肯睡午覺，卻老嚷嚷著要出門。一旁的公婆一個唸著女兒快點睡，另一個則叮囑著，要出門一定要帶外套、小毛毯，避免著涼。

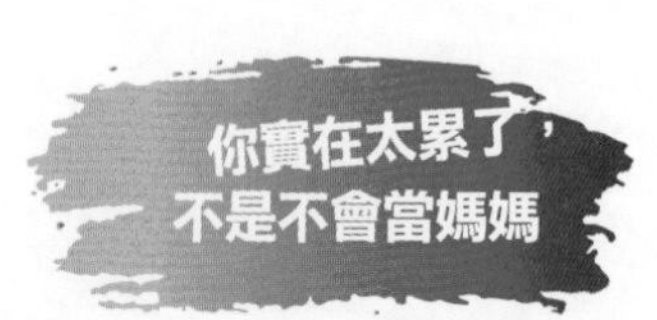

左右輪番轟炸之下，先生也待不下去，於是我們夫妻倆迅速決定一人推著娃娃車，一人拎著女兒就馬上溜出門喘口氣。

結果女兒沒逛多遠，就沉沉睡在推車裡，先生還想四處晃晃、走走。我挺著肚子，卻想放空、休息了，於是說好兵分兩路。

先生推著娃娃車，走進舒適的店面，讓女兒有安靜的空間，繼續午睡。我則盯著路上匆匆疾走的行人們。一時之間，不知道自己該往何處去。

最後，我哪兒也沒去。我只是走進鄰近的便利商店，買了一支平時會被叨唸、嫌棄的加工起士熱狗，再狠狠塗上兩包番茄醬，捧著一瓶原汁不過百分之十的瓶裝廉價果汁，就這樣窩在公園的長椅上，自己一個人靜靜地吃著。

我淪落到躲在公園，偷吃垃圾食物，才能感到喘口氣？

天氣涼涼、陰陰的，公園裡沒什麼孩子、老人家活動，連狗兒都不見三兩隻，卻成了我各種不適的第二胎孕期以來，最清靜與舒心的時刻。

「我」是誰？我怎麼就淪落到了只能躲在公園，偷吃垃圾食物，才能感到自己喘口氣？

好像肚子裡開始有了一個小生命開始，「我」就不只是我了。從孕期開始，為了胎兒，最愛的咖啡、生魚片、辣鹹口味，都只能克制。

生完之後，大家的焦點又都在孩子身上。「鼻涕都流下來了，快幫她添件衣。」「嘴巴那口都嚼完了，快餵她吃。」「就是沒餵飽，她才會一直討奶喝。」

不要說手邊的工作了，就連好好吃頓飯，都好像總是來不及找到一個安頓的切割點，而不斷地被照顧孩子這件事情給打斷，甚至是自己提前吃飽，收拾好自己的碗筷，卻被婆婆不經意地詢問：「所以你讓爸爸（公公）留下來洗碗嗎？」引發我心底的慌張與罪惡感，急忙回應：「剛剛上樓時，把空盤都洗了。」卻仍感不安。

作為母親／媳婦，這樣的關照彷彿是責無旁貸的，但哪怕是一下下也好，能不能就讓我退下，喘口氣吧！

看著社群軟體上那些朋友的動態，有在國外發展、創業的，甚至不乏經營自媒體的，各種打卡與「成就宣告」都讓我既羨慕又嫉妒。

看著，看著，還會燃起自己的焦慮，我怎麼現在還在這裡跟小孩哄睡、打混，還只能百無聊賴地背著孩子偷滑手機。更感傷的是，我發現自己會毫不猶豫點讚與熱切回覆的，也都是被那些同為父母晒小孩的貼文所吸引，因為那正是現下引發自己共鳴的有感話題呀！

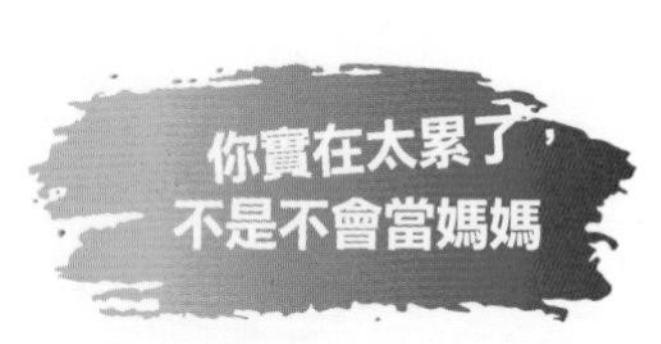

重新找回自己

無論如何，生活是回不去了，但它真的是我一點也不想要的樣子嗎？其實，靜下心來一想，並不盡然。

我們選擇讓孩子來到自己的身邊，接受三個人，甚至四個人組合的家庭。有些心心念念的畫面被實現，也不時從孩子身上獲得意外的欣喜。只是，很多時候那樣被攪亂的生活排序、沒有預期就降臨身上的社會評價與觀感，還有自己仍不時冒出的期待與渴望，無法兼顧時，伴隨而來的不甘願與受迫感，讓人開始感到失衡。

於是，我開始認知到一件事情，時光已無法回溯，更何況再來一次，我好像仍會選擇走上「母親」這條路。那麼，重新找回自己，也是我為自己的選擇，所應承擔的責任。只是重新拼湊自己，說來抽象，也很容易讓人感到迷惘，因此，有些提醒，是我自己常常放在心上。在此，也想分享給同樣處於混亂自我的媽媽們：

一、接受自己的現況，還有那些「放不下」

停下沒有盡頭的抱怨，接受自己的現況，才有機會重新站穩腳步，好好摸索屬於自己的新開始。

很長一段時間，我都在各種兩難、猶豫中掙扎。我埋怨著沒有人理解自己、每一種選擇都荊棘遍布。

最大的掙扎，在於我放不下現有穩定工作帶來的安定，但又放不下「被孩子需要」的母職認同感。後者，讓我反覆糾結了很久。

一開始，我有很多藉口，覺得孩子還小、孩子只要我一出門就哭鬧不停、陪伴孩子最重要的黃金期就是現在。搞得家裡的人也跟著為難，不知道到底該幫忙到什麼樣的程度，才能讓我覺得自己被支持，但又不會跟孩子太親，而踩破我的玻璃心。

後來，我才認清那是自己迫切的「被需要」的需求，其實跟初生的嬰孩黏不黏我，沒有什麼關係——孩子必然是需要有親密關係的照顧與連結的，但是母親的躁動不安與自我質疑，反而讓彼此的交流變得緊繃與負擔。而必要時候的「放下」，才是修復自我的開始。

孩子不會因為你的短暫離開，就永遠不再對你張開雙臂。如果重新回到身邊的母親是更溫暖與穩定的，孩子反而能從你的身上，更快找回親子之間的依附與親密感。

我想起一次與懷孕友人的對話。友人年邁的爸媽及公婆很清楚地對她表示，自己的孩子得自己帶，因此友人很堅定地向我表達，未來返回職場、請保母的規劃。

我說：「我很怕要是孩子跟保母比較好，怎麼辦呢？」

「可是這都還代表有一個人很愛很愛他呀！」友人不假思索地回答，「而且我也還是愛著他，只是我也有我的任務得完成呀。」

「這樣說的話，好像也挺有道理的。」我回答。

能放下「最愛孩子的人，不一定要是我」，真是不容易呀！

悅納自己——就是追求自己之餘，也接受我會受社會評價與家人期待影響。有時候，這其實是人生圓餅圖的比例調整，不一定要全有或全無，才能成立。

二、我不是一個人：我總是把所有的人都推開？還是努力地找尋幫手進來？

好友格格傳了一則社群動態截圖給我。同為媽媽群組的一分子，格格看見夥伴水深火熱的抱怨文，她一向習慣熱情回覆。格格想要瞭解對方困境，並給予幫助，但久而久之，她發現對方好像並不是真的需要自己的正向鼓勵。

因為越是告訴對方：「加油！你很堅強！」對方就越多「你瞧，我就是又受苦又只能自己承擔」的怨懟。

那些排山倒海的負能量停滯不前，也讓看的人，跟著喘不過氣來。明明想要苦被看見，想要有人能夠分攤。但為何這樣的宣洩、抒發，卻反而把身邊的人越推越遠呢？

看著這樣的媽媽們，我彷彿也看到背對著伴侶、家人，一個人在陰暗的角落吶喊、憤恨的不甘身影。既然沒人要理我，那麼，我要更加深化我的苦與痛。要是我就咬著牙，一路度過，豈不是讓你們誤會這一切就是那樣的輕鬆與理所當然。

可是，**適時的「示弱」與「總是抱怨」是不一樣的。**試著釐清自己所需要的情感支持或是協助，其實可以幫助他人，可以沒有負擔的更往我的身邊靠近一些。不是一定要渾身浴血的樣貌，才代表自己有資格怨天尤人。那在他人的眼裡，無非像是隻受傷的刺蝟，叫人心疼，卻無法靠近。

我的需要，有時只是「好好聽我說」，或是「請一個小時的陪玩姊姊」，讓自己可以安心，喘口氣，那麼自己就可以繼續發揮持家、育兒的功能。

偏偏媽媽這個角色，讓人不得不披上盔甲，偽裝自己又凶悍又堅強。

請試著讓自己變得柔軟一些。明明願意回應我的人這麼多，卻因為「不懂我的苦」、「沒有比我還痛」，就不允許他人靠近，或是攻擊對方的幸福。回過頭來，自己只能繼續

孤零零的一個人在谷底跺腳、舔傷。

三、好好擁抱我的陰暗面：我不需要是光明、溫暖的，也值得被愛

媽媽就一定要是光明、溫暖的嗎？媽媽也是肉做的，當然也會有許多的軟弱、逃避、怨恨，甚至是貪心與懶散的陰暗面。

比起單身時期的自己，現在好像要遇到感情出軌或劈腿這種天塌下來的困境，才會讓自己痛不欲生。因為現在的育兒生活，根本時時刻刻都是對於自己的挑戰：孩子不願吃飯還打翻湯碗、上學貪睡遲到還哭鬧要挑選已經扔進洗衣機的連身洋裝、說好出門玩耍卻搶人玩具不肯道歉還趴在髒兮兮的地上耍賴……一天不過被劃分成二十四小時而已，媽媽的脆弱神經卻可能已經被刺激、踩踏了千百回，還得一邊懊悔自己不是個稱職的母親。

但哪怕是這些，都不代表我是不值得被愛的。**好好感受自己的挫折與失望，並允許自己的低潮**，負面情緒才有出口，被好好地稀釋與消化。

武裝堅強，有時只會讓別人看見自己破碎的心與狼狽的逞強。**我後來喜歡自己的誠實認錯與不勉強——「對不起，剛剛我真的好累唷，所以對你大吼大叫。」**我的伴侶跟孩子也會

感受到我的限制與需要，並開始學會同樣真誠的對待我。

別把持家與育兒的成敗，視為自己所有的成就與功績

待在母親的角色裡，為許多女性帶來嚴重的成就焦慮。

明明「母親」已是一份全職工作，且孩子每天都有不同的變化、成長，但好像還是有種自己停住了，而全世界都還在轉動的不安。因此，我開始感到疲憊、眷戀休息，然後羨慕別人白天打拚、奮鬥完之後，還有熬夜打電動或追劇、看小說的時間，自己只能累得呼呼大睡。

在尋找自己的過程中，每個人都說要愛自己，可是並非「管他去死」、「任性而活」就是愛自己。

很多人依樣畫葫蘆，佯裝宣洩怒氣，隨即馬上被湧上來的罪惡感淹沒。很多人憤而離家出走、對親密關係狠狠地使出拒絕或威脅、談條件的方式來懲罰對方。但自己也不好受，更懊悔擔心失去一切，無法承擔。那是因為**真正的愛自己，有時候比單純的愛別人還難，我得連那不好的自己都一併接納才行。**

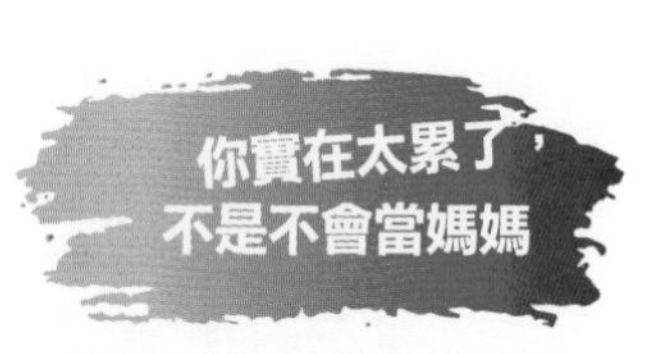

因此，千萬別把持家與育兒的成敗，視為自己所有的成就與功績。一來沒有人扛得起，也不是你可以完全操盤、掌控的，別把自己給操壞了；二來，愛自己是眼光回到自己身上，看見自己的變化與成長。即便過程仍然和著血淚，但我變得堅強、喜歡自己，這遠比身不由己的怨懟來得健康、長久，而我想，那樣自信與愛不匱乏的父母，才能給孩子獨立的空間與無私、不求回報的愛。

母親的自我探尋之路沒有盡頭，我也還在一路跌撞、摸索

從離開正職工作，進入自由接案的競爭市場，而提起筆書寫，重返諮商領域，也讓我慢慢找回自己穩定的收入來源。

在重新磨合親子關係的同時，我也慢慢接受孩子開始能夠跟阿公阿嬤出遊、過夜，甚至能心無罣礙的為祖孫環島照片點讚。

我提醒自己：孩子終究要長大，自己飛的，因此作為母親，我開始要更清楚自己想往什麼模樣成長，不只是為了給孩子一個成熟嚮往的楷模，還有將我的未來重新抓回自己的手上，愜意而無愧地過我想要的生活。

要加入媽媽網路社群嗎？——找個願意傾聽你的人討拍

請記得，不要把網路上的言論全都攬在心上。你已經很努力表達自己的感受與需求了，不需要受到無法看見事情全貌的陌生人來攻擊你，或是在意他人看法，使得你的情緒被左右。

我本來就是一個敏感且焦慮的人，對於他人說的話都容易放在心上，事後回家還會不斷思索今天對方的反應，暗忖是不是自己哪裡出了錯，或不小心讓人誤會。幸好一路走來，跌跌撞撞，最終成為了諮商心理師，讓自己這樣的特質得以發揮，並能夠覺察沉澱後，將自我安頓好。

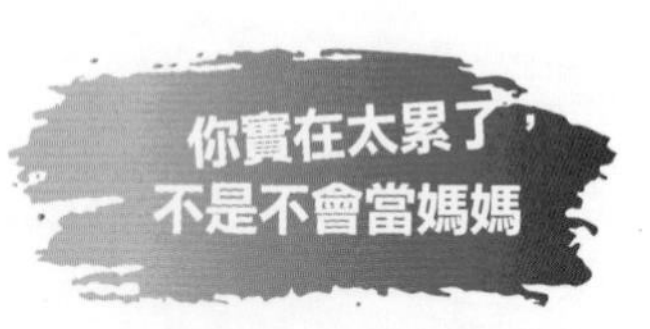

心驚膽跳的網路留言

然而，當自己知曉懷孕的那刻起，不知道真的是荷爾蒙起了變化，還是心理作用在作祟。對於肚子裡小生命的未知感，那樣的不安又帶點情緒化的性格，又開始冒出頭來。**除了晉升為人母好友們的支持外，當時最大的精神支柱便是廣大的母嬰網路社群。**

不管是母嬰論壇、媽媽寶寶討論板，又或是單純親友組成的人妻聊天群組，一不小心就讓人一頭栽進去。沒有個一時半刻，是出不來的。

好多的資訊可以在上面取得，也看到許多與自己一樣心情的媽媽，或是少數的爸爸們分享彼此的喜怒哀樂。即便生完了孩子，我還是很習慣上去逛逛。當然，網路的世界並非全都是粉紅色的泡泡。很多時候，最熱門的討論串，往往都是講著講著就吵起架來的。

「孩子跟婆婆比較親，怎麼辦？」

「這樣的情況會換保母嗎？」

「身為全職媽媽，先生說我產後憂鬱……」

哇！看到標題，就令人情不自禁地想點進去。有些文章根本就是把我憋好久的心裡話給說出來，只是留言越往下拉，內容就讓人感到心驚膽跳。

「又想給人家帶，又想跟自己親，也太貪心了吧！」

「要求這麼多，乾脆自己帶回去！」

「誇張，你就離家出走，看他還敢不敢！」

甚至有的文章還會引發相對的另一派媽媽群起激憤地爭論，像是全職母親辛苦，還是職業婦女比較心酸？這些直接的回覆，有的想要點醒對方，有的則是直接批判、指責自認不正確的價值觀，又或是訕笑發文者過於焦慮、想太多，有時候，我也看到了部分媽媽們互相投射了自己被先生、婆家、社會大眾等不公平對待的憤怒氣息。

網路上的話語，少了見面三分情的那種人味。突然之間，只要帶了一點點情緒，就變得充滿火藥味。偏偏我自己是那種坐在麥當勞裡，聽見隔壁情侶吵架，都會不由自主感到不安焦慮、想要迴避的人，因此看見這種吵起來的討論串，就彷彿親身經歷一場激烈的群眾辯論與批鬥大會般不舒服。

我也不禁想著，那些發文抒發心情，甚至是求助的媽媽們，心裡該有多難受。原來吐露自己的真實感受，還要顧慮是否政治正確（你是親密派？還是百歲派？）、符合風向（蠟燭兩頭燒，才是夠辛苦的媽媽？），有的時候發現苗頭不對，想要刪文，還有可能被肉搜、留證呢！

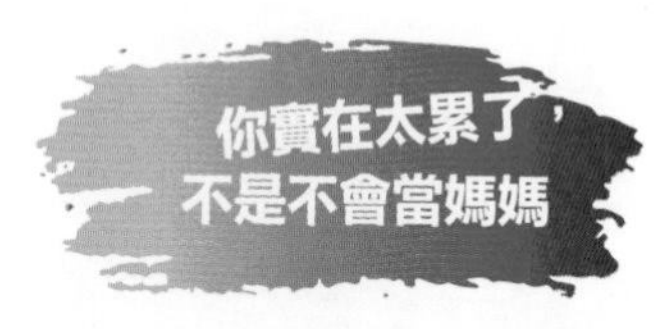

上網尋求溫暖，往往是媽媽最能夠照顧自己的事

「水能載舟，亦能覆舟」，這句話用在網路社群中，好像再貼切不過了。畢竟有時候，作為一個只能呆坐家中，和孩子相看兩厭的母親來說，上網尋求溫暖是最能夠照顧自己的事情了，但**偏偏最傷人的話語也來自於網路。**

因為彼此的不瞭解，只靠片面的文字就斷定他人，於是大家爭先恐後地發表自己的想法與言論，甚至是對陌生人毫不留情的批評與攻擊，而非提供理解與支持，幫助對方從困境走出來。

其實，有時候，我也很想抱怨先生，但是話一出口，自己就知道不見得每個人都會認同。我的母親就常回我「身在福中不知福」。想當年她們都是要煮三餐、打掃全家，還要帶孩子的呢。先生就該讓他放心在外工作。先生若肯回家幫忙，就該感謝，怎麼還可以怪先生「連孩子尿布都不換，小孩滿屁股都是屎了，紅屁股怎麼辦？」。

相反地，我在社團中只要搜尋關鍵字「豬隊友」，馬上就能找到一百篇看似可以支持自己憤慨情緒的文章，但是如果再仔細閱讀留言，也很容易看到「嗆回去」、「你這麼縱容，也很扯」、「要他自己帶帶看」的高漲情緒。

若真把所有的留言看進去，我反而會有點沮喪。好像都是作為妻子一方的自作自受，或

是懷疑自己是否真的太軟弱。

然而，真的嗆回去、離家出走，給家人一點顏色看，就能解決問題嗎？又或者在家中開啟男女大戰，真的是我想要的結果嗎？

雖然自己是心理師，但在網路世界中，我也只是潛水的網路鄉民而已。

我其實不太敢回文留言，好像寫些冠冕堂皇的「多鼓勵先生參與育兒」、「看見對方的付出，並給予肯定」這類的觀點，因為也很容易引發男女權之爭——都什麼時代了，男女講求公平，難道先生做了該做的，還要說他好棒棒，媽媽就是活該累到死嗎？

嗆聲背後的脆弱

然而現實生活中，並不是所有的事情都是非黑即白做區分的。我們鼓勵了先生，並不等於默認了太太就該承受柴米油鹽醬醋茶。相對地，夫妻關係與相處也應該是「加分原則」。爸爸這麼做很好，媽媽更是超級棒，我都會給予肯定，**而非透過貶低任何一方的方式來突顯另一方。**

可惜的是，這些東西若沒有透過面對面的交流討論，是很難三言兩語澄清的，更何況是

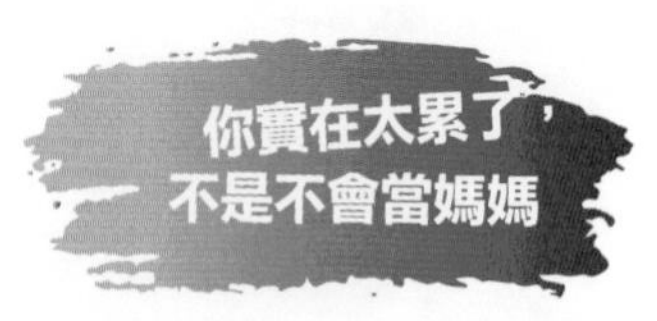

面對發了言、痛罵一頓就跑，也不會再回去看後續澄清、回覆的網友呢？

換個角度想想，如果我是想藉網路發文，抒發自己情緒，或是想瞭解大家處境的媽媽，那麼，也許我只是一肚子的委屈與惱火，想要有人安撫我，並期待那樣的情緒被承接與傾聽呀！

網路上那些要我硬起來，為了孩子權益，不惜跟長輩撕破臉等方式，也不見得真的適合我。看到那些因為婆媳相處、夫妻衝突、教養為難的媽媽們上網討拍、求安慰，卻被放大公審或批評的情形，反而讓我也跟著難受。

女人何苦為難女人？有些我們無法理解、給予支持的言論，並不會因為自己的指責或拒絕，就真的能讓對方低頭認錯，或是誠心認同我所想。

相反地，**溫和的同理與接納，雙方都才有機會看到與自己不同的價值觀，並放下防衛的心，而能開始有所思索與對話。**

而我想，或許也有一些嗆聲、看不下去與出聲反駁的人，其實背後應該也有顆脆弱的心，並期待自己的辛苦付出，也被肯定與被看見吧！所以才會沉不住氣的在網路上發難。

表面上好像在責罵一遇挫折就哭泣的爛草莓，但在尖銳的言論背後，或許也是為自己都這麼堅強走過，也沒跟誰討拍或是求溫暖而打抱不平。

然而不論是發文者或是回文者，明明都是努力與用心地想要好好尋求教養孩子之道，與試圖自我照顧的父母心呀！

不要把網路上的言論全都攬在心上

作為一個母親，不論是荷爾蒙的改變、影響，又或者生命中多背負了幾個小生命的責任，種種因素，讓我們變得玻璃心、敏感、焦慮、不安與易受傷，這些都是很正常的，而我們自然也需要大量的情感支持、同理與鼓勵。

因此，如果當你感受到困難，也請盡可能找個你看得到的人傾吐。如果你真的是個得自己單打獨鬥的母親，在抒發心情的同時，請記得，不要把網路上的言論全都攬在心上。你已經很努力表達自己的感受與需求了，不需要受到無法看見事情全貌的陌生人來攻擊你，或是在意他人看法，使得你的情緒被左右。

安全、信任的關係網絡或懂你的人，才值得我們將內心的私密話都傾吐而出。

比起長篇大論的價值觀辯論，有時，只是靜靜的傾聽，並給予支持的眼神，對一個耗盡大半心神精力的媽媽而言，那就足夠了。

教不好的時候，就放過自己吧！

我看見自己被女兒挑起的生氣與憤怒，還有無法解決問題的無力與「不及格」。但我卻不願面對自己醜陋的負面情緒，只想優雅又氣質的繼續扮演「完美媽媽」，而讓自己被困在親子衝突的僵局裡面。

不知道是已進入豬狗嫌的三歲年紀，還是開始意識到媽咪肚子裡的小寶寶即將要搶走自己全部的關注，最近女兒的躁動、耍賴情形越來越頻繁。明明就已經是個聽得懂話、理解遊戲規則的孩子，現在卻變得很難安撫下來。

我的耐心漸漸被磨光……

這天晚上，陪著孩子捏著黏土，假裝烤餅乾、做鬆餅。做著做著，女兒的專注力逐漸用盡了。她百無聊賴的開始分心，一會兒吵著找新鞋子穿，一會兒把桌上的黏土壓來碾去的，顏色都混在一起。

急著要幫她把顏色分開，收回罐子裡的我，耐心也開始被消磨。

看著她穿新鞋，漫不經心地玩著桌上的黏土，腳下就這樣踩過散亂滿地的黏土用具，沉不住氣的我出聲：「再踩玩具，就要拿去丟掉囉！」

明明知道自己不能用這種威脅的語氣，但從剛剛到現在的好聲相勸，也沒被放在眼裡，加上早上才因為女兒起床鬧脾氣，婆婆又順著女兒，讓她玩手機而發火過。**我意識到自己不僅對孩子生氣，也對長輩賭氣。**我不喜歡這樣渾身帶刺，也無法解決問題的自己。

戰火蔓延

我試著深吸一口氣，將情緒平息下來。肚子裡頭那隻讓自己孕吐、難受，而眼前的小傢

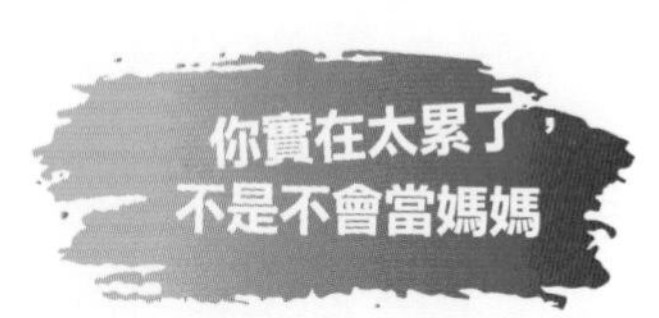

伙，也快把我一天的好脾氣額度用光。

「我說要丟掉！你有沒有在聽？」我的脾氣才發到一半，按捺不住性子的先生，聽見聲響，暴躁地從工作室跑出來，詢問怎麼回事。

當先生看到女兒一腳還踩在玩具上，他二話不說，就把玩具扔進垃圾桶。看著女兒漲紅著臉，又扯著自己的袖子。先生生氣地對女兒說：「媽媽說再踩就丟掉！你以為不會是不是？」並一臉責怪的認為我就是無法說到做到，才讓女兒一直往我底線踩。看著玩具被丟掉，女兒也憋不住了，開始放聲大哭。不是軟柿子的她，還奮力跟爸爸拳打腳踢。

最後，女兒被先生拎到冷靜區罰坐。

女兒哭得淒厲。先生的火，也燒得整個家都熱騰騰。

教養守則？好難

原本，我只是有點生氣，現在卻對自己不小心說出口的威脅，而被先生鐵腕執行的「懲罰」感到懊悔。

雖然，我也對先生的怒火狂飆感到不滿，但偏偏是自己先放話，說要丟的。回過頭來，該氣的好像應該是自己。

明明還是親職專家、諮商心理師呢！卻連這樣的日常情緒風暴，都無法好好處理。原本是孩子玩遊戲的規範小事，現在則延燒成了親子衝突（可能還有造成夫妻失和的暗流）要面對。

孩子從冷靜區出來後，還是抽抽噎噎地哭泣。

我抱著孩子，我的理智也回來了。我想跟孩子好好說，想用心理學那套「理想的教養守則」帶她回顧發生什麼事、我們以後可以怎麼解決。只是事情哪有這麼如意的，孩子雖然哭聲漸緩，但還是哽咽著，無法說話，一聽到我說：「知不知道做了什麼……」、「說對不起」的關鍵字，就猛搖頭、哭聲轉大。

哭得先生又開始不耐煩了，出聲要我別再管她：「讓她哭。丟掉的東西，絕不還她！」

與女兒共修一堂情緒課

哎呀，想當一個好媽媽，真的好為難！

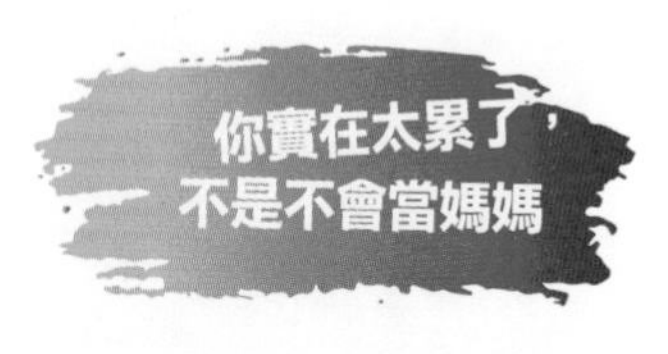

我其實想要可以理性溝通，但先生覺得女兒已經破壞底線，我這麼做既無效又耗時，還是得讓女兒知道規矩，而他的方法才有用。

可是，我就是不喜歡呀。我想起自己以前最害怕的，就是沒有知錯能改的機會，還得吞下苦澀的懲罰，而我不希望女兒被這樣對待，也不希望女兒學會如此對待人。

但是回頭一想，女兒就是惹得爸媽不開心了。那麼，我又希望女兒該怎麼面對他人生氣的害怕與挫折呢？

我想起自己是只敢對親近的人賭氣，但是對外人，會立刻馬上討好的那種人。因此，如果女兒沒能馬上對外人道歉，我會變得很嚴厲，並對女兒發脾氣。但**其實是我自己不能承擔「孩子需要時間」、「外人對我不滿意」的指責，以及我不願去面對「媽媽真失職」的後果。**

雖然有點挫折，但剛好先生也賭氣進房。家裡又沒有其他長輩，就剩我跟女兒，這不正好是我跟女兒共修情緒課題的最好時機了嗎？

我在旁邊的沙發上坐著，忍耐著要「趕快表現我真是有用的教養專家」這件事，同時，也讓自己開始接受「是我自己撂下狠話，被丟掉的玩具，就當作我自己出錢繳學費吧」的事實，並安靜地在另一頭遠遠陪伴孩子。

女兒從哭到不能自已，到漸漸平靜下來。

她哭了快十分鐘後，自己抽抽噎噎地跑來告訴我：「我沒有眼淚了，幫我擦鼻涕……」

我們母女倆最終噁心又黏膩地抱在一起。女兒不哭了，還反親我一口，企圖破冰，而我們此時也才有辦法開始靜下心來，好好對話——**雖然玩具回不來了，但我們還是要有勇氣說抱歉。**

陪孩子走過情緒風暴，問題其實比父母想的容易解決

「因為我踩玩具，還踢爸爸，爸爸很生氣，玩具就被扔掉了。」很意外的，窩在懷裡的女兒，其實能夠很完整地說出剛剛發生的經過。

「那麼，我們去找爸爸，說對不起吧？」

女兒試著迴避這個邀請。她躲在我的懷裡，臉藏得很深。

我只好捧著女兒的臉，看著她的眼睛：「我會陪你嘛。一起說，好不好？」

帶著女兒走到先生的房門前，我抓住一度想跑掉的小鬼。

先生雖然還在氣頭上，但也願意走出房門。先生故作理性的同時，還不忘再補幾句威

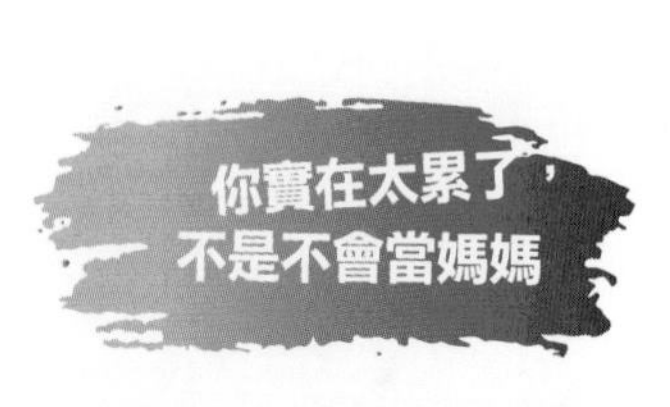

嚇：「下次再這樣，我把你的城堡也拆掉！」

我忍住翻白眼的衝動，摟著孩子。提醒自己，可不能又錯過這重要的機會。

只聽見女兒小小聲地、怯懦，卻願意嘗試的說著：「對不起。我下次不會再踩玩具了。」「我下次不會再踢人了。」並且接受玩具被沒收的後果。

教養不可能不走錯路，那就培養「重新來過」的勇氣吧！

我猜物質生活不虞匱乏的女兒，或許能這麼快地接受後果，其實也跟她不如我們那般在意，到底被扔掉幾樣玩具有關。

不過，當下關係的衝突斷裂，還有和爸爸的對抗與道歉折服，也算是著實讓我跟她都上了一課。

女兒的情緒過了就算，但**大人的情緒卻很複雜**。我看見自己被女兒挑起的生氣與憤怒，還有無法解決問題的無力與「不及格」。但我卻不願面對自己醜陋的負面情緒，只想優雅又氣質的繼續扮演「完美媽媽」，而讓自己被困在親子衝突的僵局裡面。

其實，婆婆跟先生就好像我內在的天使與惡魔，他們分別做了我不敢明目張膽去做的事情。

一個是放縱、順應女兒，換來女兒的乖巧、平靜；一個是嚴刑峻法，卻能立刻收到女兒聽話、守規矩的成效。

但這些，我都不喜歡、不滿意，卻也不甘願那樣輕易選了一邊站的自己。可是，沒有事事都能十全十美、盡如人意的，更何況是「教養」這門千古都被拿出來討論，跟著時代日異月新的複雜學問呀！

我不想讓自己不理性的去追求身邊的人，都得配合自己的教養期待，但也不愛總是負能量滿點的，一直處於抱怨與感到不平的失衡狀態。

於是，我決定放下自己過於理想的鄉愿心態——以為凡事好好溝通，就可以安然度過；**陪伴孩子成長的路途上，跌倒或是懊悔，也是必然會發生的**（原來我也會出口威脅孩子，玩具要扔掉呀！）。那麼，作為母親，我好像也得更有勇氣的帶領孩子，就算是不如意的困難與失敗，都要**勇敢的去面對：「那就再來一次吧，沒有關係的！」**

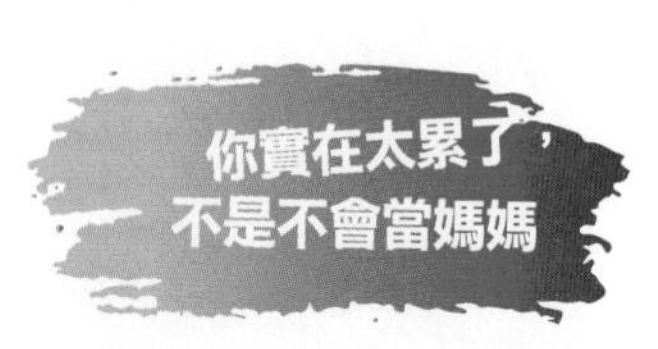

輕輕放下作為父母的「想要」，細細享受孩子的「喜歡」

喜歡，不一定就做得上手、表現得好，但作為父母，我們往往想要「既然你說喜歡，就要做好呀。」也會總用「你又錯了……」來回應孩子。一直沒有正向的回饋，孩子對於一開始的美好期待，就會漸漸被消耗殆盡，然後就真的變得討厭、不喜歡了。

鄰居給了一套保存良好的二手書，我跟女兒兩人興奮地打開來讀。《喜歡音樂的國王》裡有一段國王好愛聽的〈小小姑娘〉，但看著書頁上的歌謠，我卻一時之間唱不出來，於是順手打開手機裡的鋼琴App，照著五線譜，彈出了〈小小姑娘〉。熟悉的前奏回到了腦海裡，我便帶著女兒一起唱。

女兒看到我彈琴，感到很驚喜，便嚷嚷喊著，她也要彈鋼琴。

雖然對於女兒使用手機，還帶點矛盾的情緒，但是無法調節音量的玩具鋼琴，在晚上時間彈奏，也怕打擾到鄰居。我想了一下，還是點開了App。

看著女兒如視珍寶般的研究琴鍵的畫面。她用著短短的手指頭，認真地敲打每一個音符，滿心歡喜。

那天，一切的任務都進行得好順利。在女兒最討厭的刷牙時間，她要彈鋼琴。睡前，女兒也想再聽聽鋼琴的聲音，而我開始試著彈奏一些八度音以內就可以完成的簡單童謠，從〈小星星〉、〈小蜜蜂〉到〈滑小船〉。

先生躺在床上，懶洋洋地聽著，然後說：「好羨慕會背譜的人唷~我都沒有辦法。」我很驚訝地說：「不用背呀，如果是簡單的兒歌，只要會唱，基本的音符，我都沒什麼問題。」

貌合神離的演奏經驗

也許這跟我小時候從古典樂開始學習鋼琴的音樂底子有關吧，但其實我以前可是最討厭練琴的呢！卻還是一路練到國中，彈到小奏鳴曲為止。明明只要熬過了就可以參加檢定考，我卻決定再也不要繼續了。

還記得母親那時央求老師，多給我彈些有興趣的樂譜，好讓彈琴這件事，可以被延續下去。後來老師改教我彈爵士樂，卻仍舊沒有讓我變得更喜歡練琴一些，因此就這樣停掉了。

不過，其中最痛苦的回憶還不是練琴，是與弟弟一起的四手聯彈演出。

原本在爸媽眼裡應該要是非常和樂、溫馨的畫面，卻因為程度落差，孩子們一個比一個還討厭練琴，而成了一場貌合神離的演奏。

當中還有一段小插曲，是我倆的老師壓軸演出。老師彈奏後現代曲子，完全不成調的旋律，以及小屁孩根本就不懂得欣賞的絢爛技法，讓才小學的弟弟坐在台下直喊：「好難聽唷！」讓我的母親臉紅得直想把他的嘴巴摀起來。

現在，回想起這些記憶，好像還能帶著笑說嘴，但是在當時，彈鋼琴對我來說，真的是一找到機會，就絕對想逃跑的艱難任務。

該讓孩子學琴嗎？父母們的矛盾

每個彈琴的孩子好像都是如此。我們都喜歡彈出讓人想跟著唱和的曲子，但都不愛枯燥乏味的練習過程，尤其那些不斷轉換音階的〈卡農〉、〈徹爾尼〉，指法繁複、艱深，也無法變成壯麗動人的樂曲，讓左右鄰居聽著，發出讚嘆之聲。可是不練習，怎麼會有彈出悅耳旋律的一天呢？

而現在，我看著眼前的小人兒，小心、仔細，卻又愉快地，一個一個敲出電子鍵盤上的音符。不成調的樂曲，她卻可以跟著搖頭晃腦，加上我自己隨意拼湊的哼歌，讓我心裡浮上了有點衝突的情緒。

我忍住想帶著她彈一些簡單音階的衝動，卻也挺喜歡她這樣投入而忘我的樣貌。

我其實希望孩子也可以學琴。過去，我的爺爺在日本學校當老師，退休後，在家裡開設老人學堂，奶奶就是小班長。老家一台鋼琴、一台雙層風琴，對於那種徜徉音符中的自得（或許還有一絲絲的優越感），可能也是我童年時期答應要彈琴的吸引力吧！

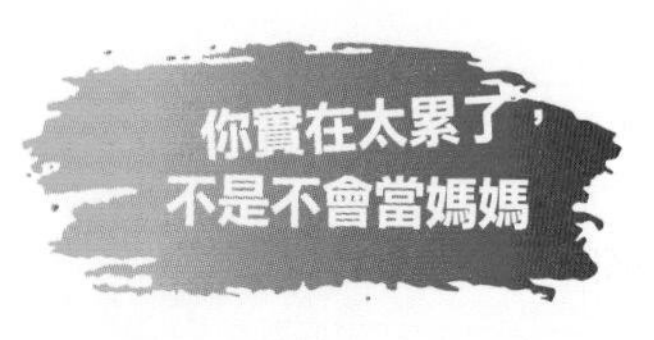

尤其我的父親擁有絕對音感，又愛唱歌，常常看他哼著江蕙的〈酒後的心聲〉，就能隨意地單指敲出音符，讓我驚豔不已。

可是我父親沒跟著爺爺學琴，甚至叔叔、姑姑們，都因為看到爺爺對於大伯彈琴的斯巴達教育，害怕地再也沒有人肯學琴；因此，作為媽媽，我的心情也開始感到複雜，明知道豐饒的收成背後，必有辛苦的耕耘付出，但卻不想讓那樣的淚與汗，變成孩子一輩子梗在心裡的苦澀與埋怨。

當我進入社會，成為心理師之後，我反而才開始想要重拾樂譜，這起因於我的個案。

在會談中，她分享她在努力工作之餘，還前往鋼琴教室練琴的故事。因為小時候，她的父母覺得浪費錢、不重要，讓她覺得遺憾。現在自己賺錢了，便決定一定要上音樂教室報名，並且更珍惜每個下午教室的免費練琴時段。

聽到她開心地談論，我在為她開心之餘，也不禁感到羨慕。那樣因為喜愛而自發的學習動力，不需要他人緊盯、催促，就會自己想要往前進呀！

作為一個還算有從容的餘裕，並可以支持孩子興趣的父母，**我思索著，我能否真的放下自己的期待，陪著孩子，緩慢地摸索與選擇自己真正喜歡的事物嗎？**

看著孩子對鋼琴充滿興致的模樣，自己過去的影子，不時地重疊在她小小的身影上。我一方面希望她可以延續傳承，但一方面又擔憂自己會強迫孩子，只為了滿足自己的期待，或彌補我過去的遺憾。

我反覆的提醒著自己，也希望給予跟我有同樣糾結心情的父母們一些參考、指引：

一、輕輕放下作為父母的「想要」，細細享受孩子的「喜歡」

我們都有些著急、不安。有時，也因為不是很瞭解孩子喜歡的東西，所以還抱有許多質疑與評價，總希望若是自己可以引領他走向順利的道路，那樣就好了。

可是，最好的鋪路，就是給予孩子安定的信任，陪伴孩子並感受喜悅。如果孩子還沒來得及好好的開始，就接收到父母全然的焦慮，我們自然也看不見孩子沉浸其中的模樣，更不會有機會讓他們帶領自己，去參與他的「喜歡」了。

二、面對孩子的不完美，不要吝嗇給予「鼓勵」及「肯定」

喜歡，不一定就做得上手、表現得好，但作為父母，我們往往想要「既然你說喜歡，就

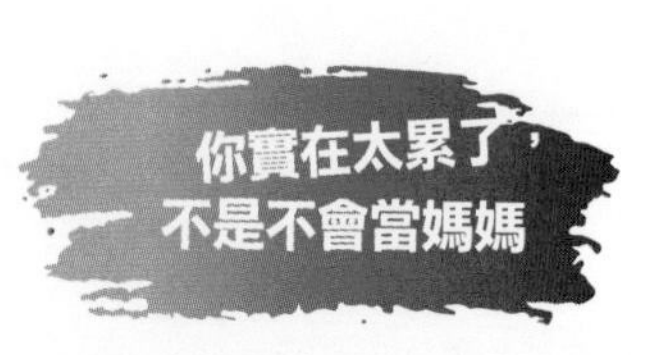

要做好呀」。而在後頭不斷追趕、督促，也會總用「你又錯了……」「你這樣，以後怎麼可能會好……」來回應孩子。一直沒有正向的回饋，給予肯定，孩子對於一開始的美好期待，就會漸漸被消耗殆盡，然後就真的變得討厭、不喜歡了。

比起老是不看好孩子、拚命指出孩子不好的地方，父母可以思考的是「我能給予什麼幫助」。「鼓勵」不需要考到一百分，才能獲得。光是看見孩子的努力、有心，就是滋潤他們心靈的最好灌溉。

三、幫助孩子繼續往下走的，不是「結果」，而是「過程」

很多父母一定會都氣餒於孩子的「三分鐘熱度」吧，就像我的學琴過往，應該也是被我父母親歸類為「半途而廢」的典型例子之一。好不容易投入的心力，卻輕易地放棄。

可是現在不愛彈琴，不代表以後不會對吉他有興趣。現在老愛丟畫筆，以後卻可能熱衷於電腦繪圖。**我們都容易對著孩子未完成、不及格的成果嘆氣。然而不會有白走的路呀。不好，也沒關係。**我想給孩子的是，喜歡而美好的經驗，那才能有繼續往下的動力與勇氣。也許未來的哪一天，孩子仍可以重新延續這份喜愛。

我想起我彈琴的時候，最享受的時光，是發表會前得以選擇自己喜愛的歌曲。我從迪士尼的〈美女與野獸〉，一路挑到阿拉丁的〈A Whole New World〉，還有國中的時候，《鐵達尼號》正流行，我興奮地買了鋼琴譜回來，發現自己也能照著彈，那種喜悅，是即使完成一場正襟危坐又緊張的發表會都比不上的！

而在那之後，雖然我沒繼續學琴了，但家裡的鋼琴仍舊會被自己拿來彈奏著網路上抓到的簡譜。有些僅僅是流行歌曲的吉他譜，但看著上面的調號，自己也能彈出簡單主旋律與伴奏呢。對照現在連彈奏〈兩隻老虎〉，卻左右手都不協調的自己，好像多了那麼一點失落與可惜。

不過，或許也是因為這些與音樂共舞的短短歲月，以及被那些小確幸所點綴的豐實回憶，才讓自己還能有重新再學一次的衝動與渴望。

我想，我的個案也賦予了自己無所畏懼的意志，並且還是在我成為一位母親之後，那種跟著孩子一起「從零開始」也沒關係的勇氣，讓我欣喜，而純然的讓「喜歡」這件事引領我們。

希望我跟我的孩子，都能全然地享受。未來也能不在意成就、評價，並得以自在學習與浸淫於我們所愛的事物中。

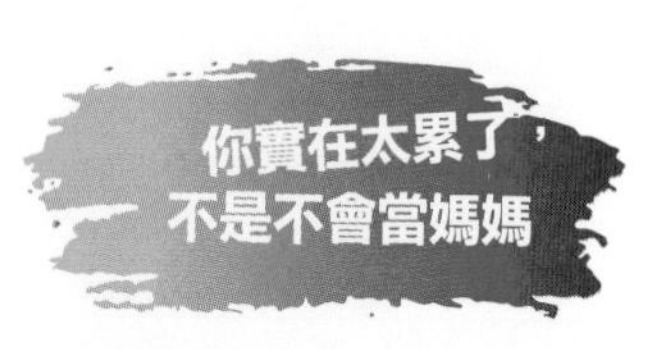

「你真的好幸運」——那些不願肯定你的人們，有時只是想要自己的苦也被看見

很多女性會這樣由衷地認為「你真是好命」的背後，其實是透過這樣的對照，而更想要傳達一種訊息——我可沒人幫忙、我比你更辛苦、我也需要被看見的壓抑心情。

「唉唷，你男友真的很棒耶。你好幸運唷！」

好友結婚了，我們一群高中時期的好姐妹自然是排除萬難都要出席，連在國外的婷婷，也帶著外籍男友返台為好友慶祝。外籍男友一頭金髮，人也高大，西裝筆挺的站在賓客當

中，有如鶴立雞群。許多長輩也都跟著詢問這位帥哥到底是哪位的朋友，也紛紛前來向婷婷誇讚一番。

「真的是好有禮貌，而且又高又帥。我真為你開心呢！」長輩你一言我一語的，卻誇得婷婷心裡五味雜陳。

婷婷忍不住說了一句：「我覺得他交到我這個女朋友，也很幸運呀！」

長輩愣了一下：「哎呀，對對對，說到底的，最幸運的還是今天的新郎啦，娶到我們的美嬌娘～」然後大家開心地舉杯慶祝，化解了一場尷尬。

女性的付出被「看見」了嗎？

婷婷向我們嘀咕、抱怨，自己在國外生活，平時也是努力融入男友的英文交友圈。而男友連中文都不肯好好學，陪自己回台灣參加聚會，光是站在那裡露個笑臉，長輩就稱讚連連。

另一位友人婉真也跟著發難。婉真星期六去公司加班，同事紛紛好奇今天孩子給誰帶，當知道是婉真先生在家幫忙時，無不驚訝地稱讚：「天哪，你先生真好！」「你也太幸運

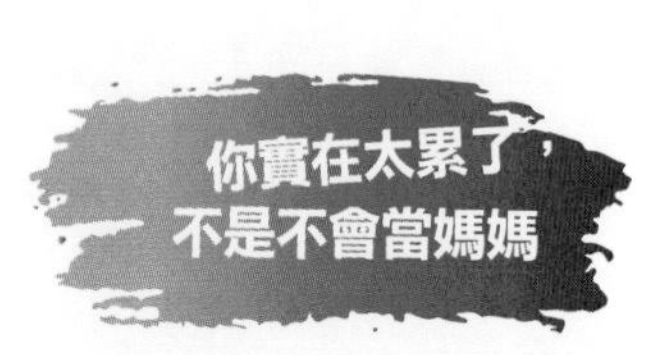

了吧，先生還會幫你帶小孩。」

婉真的丈夫一直以來都是神隊友，愛老婆，也愛孩子，我們也常報以羨慕的眼光。只是明明自己也是辛苦努力工作來加班的，怎麼好像先生一「幫忙」，自己就成了「幸運」、「有福氣」的人？

面對同事們的讚嘆聲，婉真一點也開心不起來，好像自己的付出都被抹煞掉。

買菜、做便當的是自己，花了一晚上做的副食品冰磚，都一盒盒放在冰箱裡。出門前，婉真還再三確認尿布與奶粉的數量夠不夠，就怕先生帶孩子有哪裡不方便，而先生只要一如往常地表現出愛家好男人的樣子，就能獲得排山倒海的優良評價。

婉真不平地說，之前週一到周五先生出差，都是自己咬牙一打一的全天候育兒度過，也沒聽見誰用這樣欣羨的語氣大嘆：「天哪，你太太也太好了吧。一到五都自己顧小孩，讓你安心在外上班。」

女人何苦為難女人?!

原來被稱讚嫁到好先生，太太心裡也還是苦——我的幸福不是歸功於我的努力與值得，而是我幸運、很好命呀！

育兒與為家計打拚，本來分工得宜，就不是誰的委屈，更遑論在這個平等意識越來越清晰、明確的世代裡，許多夫妻從結婚支出，到婚後家庭分工，都是各自出人也出力的。彼此一起打理家務，看起來好像很令人羨慕，但仔細一想，這些本來就是婚姻中兩人應盡的本分與義務。更重要的是，共組家庭的兩個人，是否也享受這樣自在、和諧的對等關係。

可是，往往現實中的評價沒有這麼理性。

女性沒做好，變成「不應該」，男性稍有表現，就是「真不容易」。有趣的是，**會這樣給予令人一點也開心不起來的稱讚與羨慕的人們，往往也都是女性**——我們的女性長輩、公司的女性同事，甚至還有身邊同為人妻、人母的女性朋友們。

我想很多女性會這樣由衷地認為「你真是好命」的背後，其實是透過這樣的對照，而更想要傳達一種訊息——我可沒人幫忙、我比你更辛苦、我也需要被看見的壓抑心情。

這些心情一旦被勾起，就會一口氣拖拉了好多潛藏在每個女性背後那些被隱忍、忽略與壓抑的情緒。

原本理所當然地覺得自己該要認分承擔，又或者認為自己能夠不在意的消化與遺忘。豈料當看見有人能夠受到照顧與呵護時，那樣的叫屈與怨懟的失落心情便迅速發酵，**甚至會**

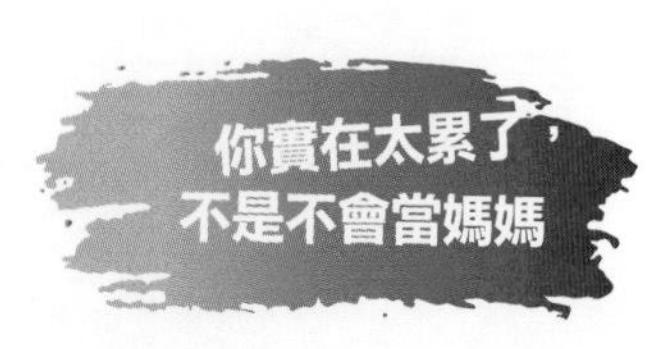

透過「否定」你的努力與受苦，來讓她的失衡好過一些。

但那樣「虧待」她的罪魁禍首，並不是來自眼前無辜的你，而可能是對方惡化許久的婆媳關係、冷漠的夫妻互動，甚至可能源自於許多人匱乏已久的原生家庭經驗。

所以，有時明明她也沒有真過得不好，但就是見不得別人過得美滿、順利，**非要用明褒暗貶的方式，來釋懷自己內在的糾結與不平感受。**

女人何苦為難女人呢？若要讓人理解與關照這樣受委屈的情緒，不需要透過否定對方的努力，或是用「你比較幸福」來讓自己的受苦被證明存在呀！

雖然幸福與辛苦是比較而來的，但不代表我們的鼓勵與肯定就因此而吝嗇的不願給予。

我們是否願意先去看見他人內在的需求呢？

我們常陷入一種迷思，好像認同了別人，自己的認真和努力就會被視為理所當然，更甚者，會逼得自己聽到對方一開始抱怨，就急著要跟著跳腳大喊「你哪有我辛苦」，才覺得有機會被看見。

相反地，哪怕只是一點點的同理，有時，就能軟化彼此互不相讓的硬盾。

說到底，**我們每個人心底所渴求的，也不過就是那樣的感同身受的「理解」而已**。但是**唯有真正的覺得自己被看見了，才有能力去看見他人**。而我，是否願意成為那個先去看見他人內在需求的人呢？

面對他人總是忽略自己的努力，歸功於他人或者是運氣時，我們可以為自己做些什麼，好好保留我們的氣力，而不為那些挑動我們敏感心思的話語影響自己？

一、劃分屬於你的舒適人際同心圓

我不需要，也不可能討好所有的人。若我本來就容易受影響，那麼，更該讓自己花心思在值得的人身上。不管是藉此梳理自己的議題，或是甘願成為他們的傾聽者。有些人的情緒抒發有如炸彈過境一般，拍拍屁股即走的。

我也無須讓那些滿目瘡痍的痕跡留在心上，畢竟對方可能一輩子揣在懷裡的抱怨與不滿，也不是我需要為他承擔的責任。

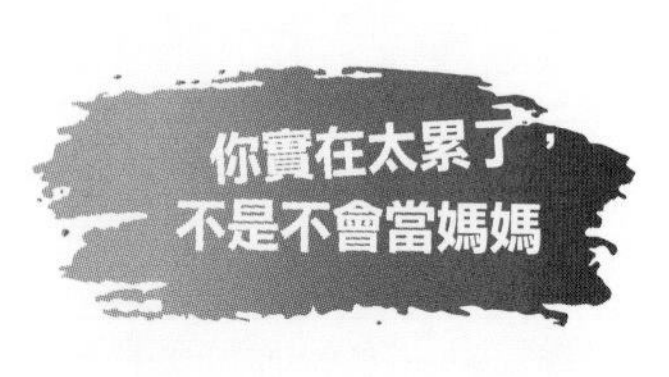

二、對於親近的對象，釋出點到為止的善意

願意花心思傾聽他人，並不代表我承認了我只是運氣好，而是展現更寬大的包容與善意——我想好好瞭解你背後想傳達給我的深意，因此那樣的回應不見得是敷衍、順應，或無條件地討好，而是開啟你們對彼此的理解與支持對話的開始。

點到為止的善意，可以提醒自己也得量力而為。**過分消耗的時候，我仍得先為自己儲備能量，不讓關係中的負向情緒循環、蔓延。**

其實總是被父母否定的親子關係如此，夫妻關係，亦然。有時僅是側耳聆聽或是簡單的頷首點頭，表示理解，我就能多承接一點對方想要被看見的渴求。

給得過頭了，容易一失手，就把自己也攪和進去，又成了一個無解的「比誰更慘」的負能量黑洞。

放下先檢討自己的習慣

最後，要給予媽咪們一個小提醒，很多女性很習慣無條件的先檢討自己。當別人都這麼

做的時候，會想緊緊地跟上，避免和別人不一樣，自己才能感到安心，所以面對來自他人所傳遞的不舒服訊息時，也開始跟著把自己的價值一併否定掉，然後感到迷失；因此，**如果你發現你其實並不喜歡這樣的自己，那麼表示在渴望他人認同自己之前，你自己都不太肯定自己**——請你務必要先好好的給自己一個鼓勵：「我已經很努力了。我也是值得被疼惜的好太太、好媳婦，本來就該被對等的對待，享有關愛與照顧。」

當你自己也能安然自在地喜歡自己所處的關係，並為自己的角色感到自信與滿意時，就能更有界限與智慧的回應他人。

作為女性是如此不容易的一件事，絕非只是幸運而已呀！

媽媽的少女心、大嬸姿態與女人味

我雖不喜歡那種「因為你，讓我變得更加完整」的電影台詞，但我想告訴那些成為媽媽後，擔憂生活會分崩離析的每位母親：我欣賞自己因為有了孩子後，得以重新整合的嶄新自我！

閨密好友失戀了。那天，我特地排開行程，孩子也幸運的麻煩公婆照顧，匆匆忙忙趕到約定地點和她碰面——老派的港式飲茶樓，左右都是長輩與家庭聚餐的組合，不過點心選項眾多，好吃、便宜，又不限用餐時間。

我們開玩笑地說這是「老妹」的約會地點。隨著年紀增長，餐點來了就開吃，連拍照、打卡都沒空了，要好好抓緊我們的碰面時間，把沒能見面聊的心事或八卦，一口氣聊盡。

第二輪的東西都吃完了，我們也開始各自收拾，準備待會兒回去路上還可以再聊一小段路的時候，好友突然很感慨地對我說：「我今天真的很開心，而且你好像終於比較有少女的感覺了！」

最好朋友的回饋，總是毒辣直接又真誠、坦率。我當下除了有點錯愕、傻眼外，其實還真的有些終於鬆口氣的感覺。

「真的，假的啦？那之前是怎樣？現在呢？」我打趣地追問她。

還沒結婚、生孩子的她，一時之間也說不上來。想著我還是那個很愛打扮逛街、愛聊娛樂八卦的女子，但是之前孩子還小時，好像完全可以感受到我整個人都「沉浸」在育兒生活的氛圍。開口閉口都是孩子，不管什麼話題，都能翻閱手機照片，指著孩子又吃的滿嘴，或是硬要擠著跟自己上廁所這類的瑣事趣聞。

她說她也喜歡看著我比手畫腳，說著孩子故事的幸福模樣，但好像就是少了一些什麼。也許就是她今天突然發現的，那個好久不見的少女感覺吧？

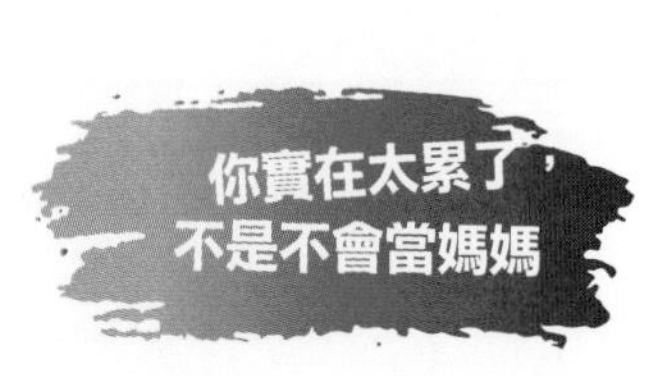

「沉浸」在育兒裡

我有多久沒有好好享受育兒以外的生活了呢？是呀，我仔細想想，用「沉浸」這個詞，其實真的很貼切。那些看著孩子每一天都有不一樣的成長樣貌的日子，真的是吃喝拉撒睡，都值得讓一個新手母親充滿喜悅與驚奇。

每一張照片看在他人眼裡應該很疑惑，怎麼十幾二十張都是一模一樣的，可是每一張都有細微的不同笑容，連閉眼、晃動都能勾起我對孩子咯咯大笑的印象，我可是一點也捨不得刪掉。

不論跟誰出遊，旅途中的每一個片段，好像都可以連結到孩子在家發生的事情，於是，我滔滔不絕講著如果是小孩看到，他一定會說什麼、他會比什麼樣的動作，不知不覺中，話題又跑到孩子身上。我沉浸在自己覺得逗趣、不可思議，甚至想不斷翻照片給朋友看的育兒世界裡。

那是很有趣的狀態。明明一直窩在家，老是跟孩子相看兩厭的時候，我好想逃開。但真的出門，自己蹓躂、放風了，逛的，是孩子的衣服，想的，是有沒有新的繪本可以帶回家，就連聊的，都還是滿滿孩子的話題。

我想起好久以前和老同學們的聚餐，比起同年紀還在抱怨上班負能量的我們，她已經是帶著孩子一起出門聚餐的媽媽了。看著她熟練翻出包包，拿出孩子餐具、水壺的動作，點菜都先以孩子能吃的為主。她叫住服務生，很直接的表達再幫孩子補一盤海苔的需求。最後上甜點時，直盯著時間，一邊迅速地收拾滿桌用品與玩具，然後完美的在結束的那一刻，也把孩子的東西一併打包好，跟我們一起走出去。

我驚訝於她變得直接、幹練與事事周到。不只是工作上歷練的那種，而是透過成為媽媽這個角色，由裡而外蛻變成一個俐落、成熟的女性。

對於成為媽媽，期待又害怕

當我也成了一位母親時，我想起老同學的樣子，好像有點像我所期待的母親模樣，卻又有那麼一絲絲的害怕，聽到他人「你現在看起來真的就像一個媽媽了」的回饋。彷彿否定掉自己的少女狀態一般，我感到不安、焦慮又擔心。那些玩笑話的「嬸味」形容，與「母親」好像只有一線之隔，讓人不敢輕易地跨過去。

正因為過去我是個連出門倒垃圾都要化妝的人，而更深刻感受到自己的改變與不同。

我開始習慣出門背著總是很大的包包，裡面一半以上都是孩子的東西，自己的東西變得

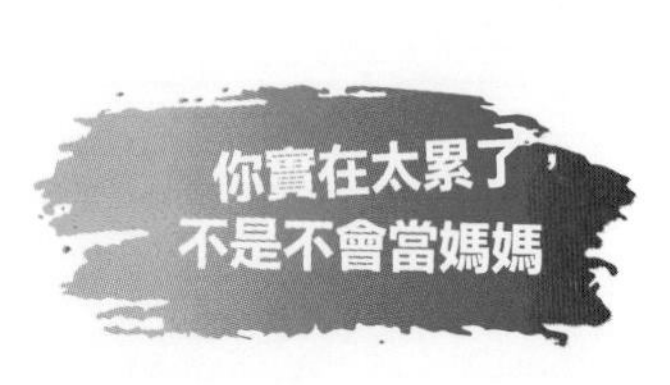

很少很少。

若是要旅行出遊，我的褲子都是同一套，也沒關係，我反而會擔心孩子是否會流汗或尿濕，於是又多帶了好幾件她的衣服或是褲子。

包包裡還有很多綁頭髮的髮圈，散落在各個角落裡。只要是帶著孩子出門，不知不覺，身上就會是牛仔褲與球鞋。我曾經試過小洋裝與娃娃鞋的組合，但被拉扯的不方便，還有下雨天抱著孩子，怕滑倒的不安，最終還是讓自己換回最耐操的衣裝。

現在為了孩子，我有時連素顏、大眼鏡跟拖鞋都敢穿出門了。精心打扮這樣費時的功夫，現在反而很難有所堅持。

我甚至曾被先生提醒，不要在路上走一走就停下來。那時的我，居然拿出指甲剪，想邊走邊處理手指上的脫皮。

先生對我這樣旁若無人的大媽行為，感到吃驚。但我發現帶著孩子出門，事情無時無刻都好多。好像一旦錯過做某一件事的時機，接下來就會很麻煩，或者一個停頓分神，我就會忘得一乾二淨，因為後面還有其他事情等著我去做。

直到有一次，我特地在一位好友生產前，跟她約出來碰面。關心之餘，不忘傳授許多自己的過來人經驗談。原本的好意叮囑，聊著聊著，又變成了媽媽經。團購了什麼東西，才發現孩子不買單，根本不需要。焦慮翻了很多教養書，孩子一歲都還緊張地照做，兩歲以後管不著，就只能放生……

我嘰哩呱啦地講了好長一段後，同行友人才誇張地大笑，指出我的孕婦好友已經眼神渙散、兩眼放空。

我的孕婦好友害羞地笑笑說：「其實我也只想跟大家聚在一起，聽聽一些娛樂八卦，或是誰跟誰又分手或是復合了嘛……」

「其實，不管有沒有生孩子，我們都還是可以常常約出來喝下午茶呀！」

被點出精神渙散的她，並沒有什麼不安與侷促，反而接著向我說出這句話。

看到我這位準媽媽好友的豁達，我突然覺得硬是要區分少女、主婦的我，變得很狹隘與自我侷限。原來，擔心生完孩子就多了「媽媽味」而跳腳的人是我。會拿「嬸味」來評價我的人，遠比我想像中的還要更少更少。

是我自己太杞人憂天，畏懼母親這個身分，會為我帶來的負面改變，而不願意去正視與接受這個身分在我身上產生的化學變化。

我也許變得急躁、敏感，變得俐落、精打細算，但也變得更加內斂、懂得傾聽，變得柔軟，甚至成熟與釋然。

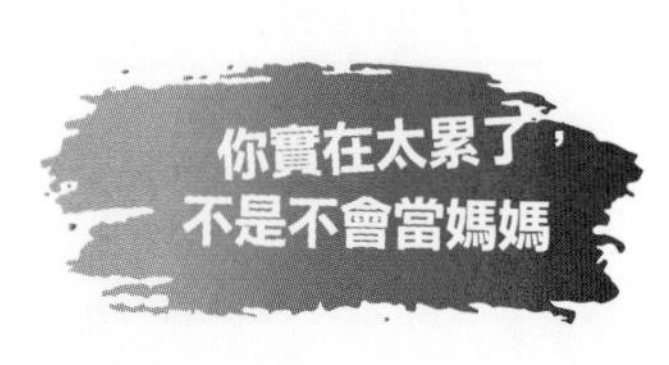

如實接納自己

後來，我開始慢慢接受那個講話變得沒有那麼客氣，但是卻可以拉近跟鄰居阿桑、街角店員的距離，並勇於表達需求的自己。

偶爾帶孩子帶到抓狂時，就把孩子丟給公婆，出門透氣。我開始願意放下那個不甘願，但卻又為了不夠投入陪伴孩子而自責的自己。

我試著重新找到自己的平衡，學習如何在育兒生活與享受自我中，切換自如，而更重視與投入每一個當下，並自得於其中。

不管是帶著婦味，又或是還有一絲絲的少女心，那都是我呀！會突然有感而發地寫下這篇文章的我，並非想要媽媽們趕快放下柴米油鹽醬醋茶的黃臉婆待辦事項，強迫大家好好透過逛街、下午茶來恢復少女氣息，而是希望我們都能夠相信——有了孩子後，我能將這樣獨有的「女人味」，更加融入生活中，並感到肯定與自在。

我雖不喜歡那種「因為你，讓我變得更加完整」的電影台詞，但我想告訴那些成為媽媽後，擔憂生活會分崩離析的每位母親：我欣賞自己因為有了孩子後，得以重新整合的嶄新自我！

找回自己的名字——創造屬於自己的精心時刻

我只是成為了一個媽媽，我不想失去我自己。我仍然想過著擁有自我的生活，但害怕被人說是「不好的媽媽」。沒有充電的媽媽，即便跟孩子綁在一起，也是抱不動孩子、走不遠的媽媽。

「你的暱稱也太長了！『心宜』後面還要括號『小寶媽』？」

「我還兩個呢，我是『梅子麻』跟『橘子麻』，不然兩隻不同班，老師會認不出來！」

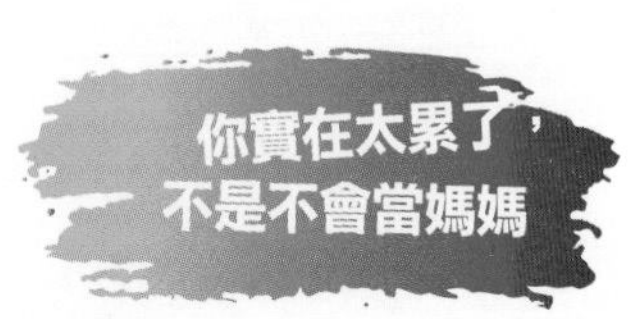

「太誇張了吧，不能記一下媽媽的名字嗎？」

「哎呀，老師很忙的，你以後也是『妮妮媽』了啦～」

睽違已久的同學會上，老朋友間打趣說著。心宜摸摸小蕙的肚皮，我則還在消化以後孩子上了幼稚園，我的帳號暱稱也即將棄守，改成「○○媽咪」嗎？

不知什麼時候開始，我只剩「媽媽」這個稱謂

不用等到孩子上學，仔細一想，從我懷胎不過四個月，開始在找月子中心時，不論是房型討論，還是決定月子餐，我被給予的稱謂都是「媽咪」。

這件事真的令人感到不可思議。想當初新婚銀行開戶時，相當瞭解我個性的先生，還特地交代銀行專員，不需稱我為黃太太，叫我「陳小姐」就好了呢。結果有了孩子後，我居然就自然而然接受了這樣的身分，讓「○○媽媽」變成了我的代名詞。

其實以前的我，因為工作的關係，也都是用「孩子的模樣」來區別父母，並且還帶點自豪。

在公園裡，認出常帶小乖來親子館玩耍的阿嬤而彼此寒暄，又或是今天換成爸爸帶小甜

心來親子館玩了，我馬上會關心地詢問：「媽媽今天放風休息啦，換爸爸出馬囉！」

甜蜜又苦澀

但當自己也變成一位母親時，那種「沒有了自己名字」的感受，突然間，變得既甜蜜又苦澀。

甜蜜的是孩子在大家的目光下，好不受寵。苦澀的是，在大家的眼中，我也只不過是「孩子的媽」了。

我想起坐月子時，收到好友們的祝賀禮物，也都是滿滿給孩子的奶粉、尿布、安撫娃娃。但被推去剖開肚子的可是我耶，到現在，都還只能喝著鱸魚湯，看著朋友們大啖麥當勞，並聊著滿滿孩子們的話題。

我好像家中失寵的狗狗一樣，看著大人們都繞著那個嬰兒打轉，一點注意力都沒有要留給我。好在，還是有幾個好姐妹，堅持除了嬰兒禮物，媽媽也得要有一份。好笑的是，我的禮物特別難找。印象中，最後也沒了下文，但這份心意卻讓我感動到現在。因為我只是成為了一個媽媽，我不想失去我自己呀！

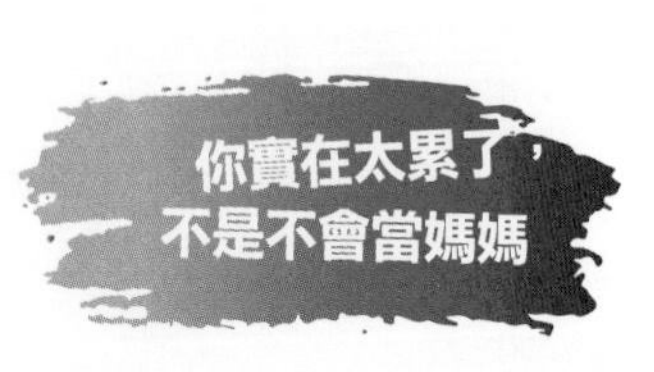

漸漸地，孩子也成了我生活的一部分，噢，應該說是「大部分」。

我的手機開始塞滿孩子的照片，網路拍賣帳號裡的購物清單，也幾乎都是孩子的東西。記得有一次，我狐疑地看著刷卡單上的金額，壓根兒記不起到底買了什麼，便翻出手機相簿，檢視那一天到底去了哪裡。

果不其然，我看到照片裡，孩子坐在超市推車上，我們採購了透明收納箱，而那收納箱，是用來裝孩子出生後，自己與家人們情不自禁採買成堆的衣物與玩具。

不只是我，全家人的生活安排，也開始繞著孩子運轉。大家開始會把自己的行程寫進餐廳旁的大月曆上。如果我要接案、先生要出差、婆婆要上社區英文課，家裡得確保至少要有一個大人在，可以幫忙顧孩子。

我們的出遊或是邀人來家裡作客，也會開始考量想讓孩子睡到自然醒再出門，還有幾點，就得開始準備說故事、睡覺，毫不考慮晚上還想在餐桌前喝酒小酌的安排了。

親愛的媽媽，你有多久沒有過以自己為主的生活了？

我想起以前在親子館工作時，和常帶著孩子來親子館上課的媽咪們變得熟稔。裡頭有好幾位，都是行事曆滿滿孩子課程的全職媽媽。

這堂課上完了，就匆匆忙忙帶孩子去另一家上課，自己再趁著孩子上課空檔，趕回來我這裡拿孩子的烘焙成品或勞作成品。她們會說：「不然等餅乾烤好，她下一堂課會來不及。」

有時候，我們自己都覺得對這群媽媽有點虧欠。每堂親子課程的名額為數不多，當決定用抽籤時，看著那些遠道而來的家長失望的表情，都不知道該如何是好。

我多希望她們可以放輕鬆點。孩子不一定要上課，光是和朋友們在親子館內玩著車子、爬著城堡，彼此追逐打鬧就很開心了。**大人不正好可以偷閒一下，也能讓自己的心情舒坦些。**

我甚至還遇過有媽媽打電話來確認孩子的中獎機率有多少，好讓她評估是否該上班請假來賭一賭的。

聽起來很令人咋舌，但在我經營親子館的每一年，平均都會有兩到三個這樣全心以孩子為主的媽媽。如果只要多犧牲一點，孩子就可以獲得更多的時候，她會毫不猶豫做出選擇。

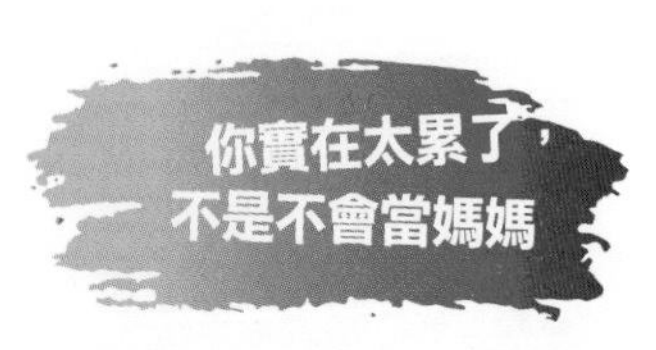

連洗澡時間長短，我都可以和先生鬧得不愉快

當我自己也有了孩子之後，連洗澡時間的長短，我都可以和先生鬧得不愉快。吵到最後，我們兩人都感覺到挫折。

先生說：「如果今天沒有孩子，你要洗多久，是個人的自由，我也不想干涉。可是今天有了小孩，洗澡就不是一個人的事情了。」

我不想洗澡洗得心急，可是**照顧新生兒本來就是一場「戰爭」**（搞不好等到他成了青少年，父母又得被迫加入另一種戰爭），於是，我的時間不只是我個人的時間了，是孩子的，甚至是大家的。

我感到氣憤與不滿，但卻好像無從反駁。

「肇事者」此時此刻還躺在小床裡頭呼呼大睡，而我的負面情緒卻無法與之宣洩或抱怨。

我仍然想過著擁有自我的生活，但害怕被人說是「不好的媽媽」

等我回到職場後，多的年假，也不再令人期待今年又可以去哪兒度假了。班表一出來，

先生還貼心地叮囑要留著，以備不時之需。

若是長輩夏天想出國避暑，就沒人可以在家幫忙帶小孩了。為了至少讓自己能有點自由選擇的空間，我還曾決定員工旅遊乾脆就帶著孩子一起參加。沒想到也因為孩子前一天高燒、生病，最終還是沮喪地宣告放棄。

帶生病的孩子出門，自己的悠閒沒有享受到，孩子也受苦其中，甚至還可能傳染給其他同事們，那就更不好了。

好像不知不覺間，我的生活就全繞著孩子打轉。

雖然我很幸運，我不是毫無選擇地只能被迫接受，但是真的要以自己為主的話，那些安頓孩子的照顧事宜，就得付出很多的心力，以及可能面對許多衝突與麻煩。光是用想像的，就足以讓我想要自動放棄了。

再不然，我似乎就得厚臉皮的背負「太過自我」、「沒有母親自覺」等罪名。我仍然想過著擁有自我的生活，但害怕被人說是「不好的媽媽」。

陪伴孩子一起長大，看著孩子點點滴滴令人驚喜的變化，總讓我欣慰自己沒有錯過孩子的成長。

我其實挺喜歡「母親」這個角色的，也在親子互動的過程中，藉由孩子對自己的依靠、

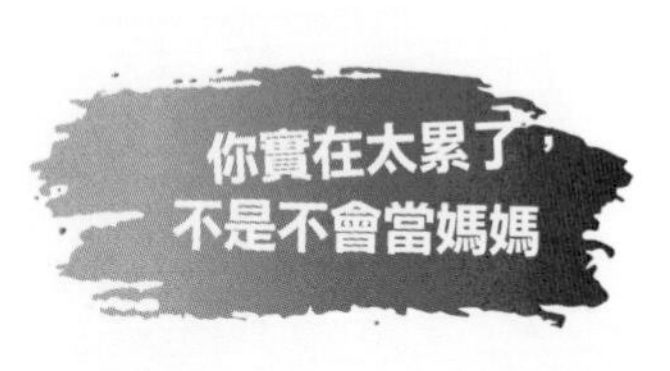

信任與安全感，體會到愛與被愛而讓我感動萬分。

可是一天裡面，還是有大半天是得跟孩子攪和、奮戰：吃飯不要亂跑、不要爬上爬下、要求她收玩具、趕快睡覺不要再講話的那些消磨媽媽耐心的大小瑣事。我試著讓自己更喜歡做一個媽媽，但也會有喘不過氣的時候。

走出「犧牲付出——孝順回報」的迷思

在期待孩子感謝媽媽之前，媽媽本來就應該好好慰勞自己

養孩子本來就是一件不容易的事。沒有人天生就是為了成為父母而活的，但我們卻很容易陷入理所當然的「犧牲付出——孝順回報」的迷思裡。

我曾在生完孩子後，跟朋友大吐苦水。我抱怨說生孩子這麼辛苦，將來真的要把這些紀錄都給孩子看，讓她知道媽媽有多不容易。

沒想到身懷六甲的朋友反而直率地告訴我：她不希望自己拿這樣的犧牲，要孩子感謝她。因為她從小就聽到父母這樣的說詞，特別是在衝突的時候，老愛搬出來壓孩子，讓自己總是感到委屈莫名，也無法消化那樣的不滿情緒。

朋友的一席話，讓我感到錯愕，卻也深刻的提醒了自己。是呀，不是犧牲就一定非得被回饋。**在期待孩子感謝我之前，我本來就應該好好慰勞自己才是，而非老讓孩子看見我的匱乏，讓孩子反而變得討好、迎合媽媽。**

我發現自己開始享受與滿足這樣的片段：躲在浴室邊洗澡，一邊偷吃著不想給孩子瞄到的巧克力，還有回娘家就開啟廢人模式，蹺著二郎腿，還窩在沙發上放肆地滑手機，或是當長輩顧孫時，我試著睜一隻眼，閉一隻眼，乾脆就轉身出門，讓自己放風逛大街。

即便只是令人莞爾一笑的十五分鐘光景，還有好不容易偷得的浮生半日閒，但都是作為媽媽，趕快趁機充飽電的好時機。

別再自責自己又對孩子哪裡不好了，或是認為自己是個偷懶的媽媽而帶有罪惡感——沒有充電的媽媽，即便跟孩子綁在一起，也是拖不動孩子、走不遠的媽媽呀！

媽媽好，孩子才會好

媽媽好像總是離不開孩子，但孩子確定有一天總是要離開媽媽的。很多媽媽在孩子上學前都繞著孩子打轉，孩子上學後，就頓失自我，不知道該如何安排自己的時間，或是對於

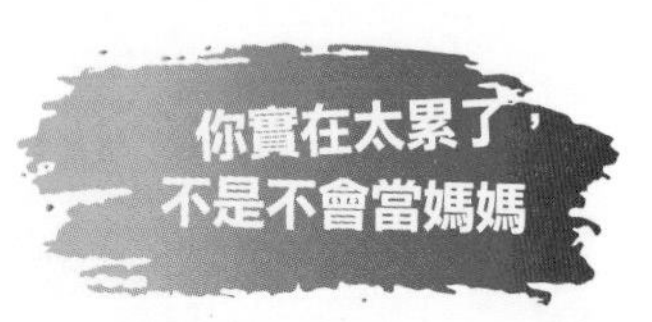

重返職場，感到一片茫然。

媽媽對於「自己想要什麼」感到陌生與徬徨，於是繼續把焦點與重心放在孩子身上，即便孩子長大成人了，仍不願放手。擔心孩子的工作、審核孩子的伴侶、關心孩子的婚姻、插手孩子的孩子吃飯睡覺跟上學。

我不想成為那樣的母親，我的愛成為了孩子的負擔，對孩子情緒勒索，要孩子為我的犧牲付出而感謝與臣服。

我不想要將我的怨懟傳染給孩子：都是為了你，害我也跟著犧牲我的工作、我的生活。如此一來，我與孩子相處的片刻會變得很耗能，愛也會隨著對孩子的不耐煩與不滿意，一點一點地失去。

我的孩子也可能會看著總是不開心的媽媽，變得敏感、不安，甚至永遠都覺得自己不夠好，不值得被愛。

開心、自主的媽媽，才能養出同樣為自己而活的快樂孩子，而這一切必須先從找回自己的生活開始。

從現在開始為自己找尋充電的方式，並不會太晚，哪怕只是一點點的小確幸都好。作為母親，我們都有責任先把自己照顧好，才有能力給予我們的孩子純粹的、不求回報的愛。

國家圖書館預行編目資料

你實在太累了，不是不會當媽媽／陳彥琪著. ——初版. ——臺北市；寶瓶文化,2020.08
面； 公分, ——（vision；197）
ISBN 978-986-406-198-3（平裝）
1. 母親 2. 親職教育

544.141 109009974

Vision 197

你實在太累了，不是不會當媽媽

作者／陳彥琪（諮商心理師、前臺北市親子館副館長）
副總編輯／張純玲

發行人／張寶琴
社長兼總編輯／朱亞君
資深編輯／丁慧瑋 編輯／林婕伃
美術主編／林慧雯
校對／張純玲・陳佩伶・劉素芬・陳彥琪
營銷部主任／林歆婕 業務專員／林裕翔 企劃專員／李祉萱
財務主任／歐素琪
出版者／寶瓶文化事業股份有限公司
地址／台北市110信義區基隆路一段180號8樓
電話／(02)27494988 傳真／(02)27495072
郵政劃撥／19446403 寶瓶文化事業股份有限公司
印刷廠／世和印製企業有限公司
總經銷／大和書報圖書股份有限公司 電話／(02)89902588
地址／新北市五股工業區五工五路2號 傳真／(02)22997900
E-mail／aquarius@udngroup.com
版權所有・翻印必究
法律顧問／理律法律事務所陳長文律師、蔣大中律師
如有破損或裝訂錯誤，請寄回本公司更換
著作完成日期／二〇二〇年六月
初版一刷日期／二〇二〇年八月
初版二刷日期／二〇二〇年八月三日

ISBN／978-986-406-198-3
定價／三三〇元
Copyright©2020 by Chen Yen Chi
Published by Aquarius Publishing Co., Ltd.
All Rights Reserved
Printed in Taiwan.

愛書人卡

感謝您熱心的為我們填寫，
對您的意見，我們會認真的加以參考，
希望寶瓶文化推出的每一本書，都能得到您的肯定與永遠的支持。

系列：vision 197 **書名：你實在太累了，不是不會當媽媽**

1. 姓名：________ 性別：□男 □女
2. 生日：____年____月____日
3. 教育程度：□大學以上 □大學 □專科 □高中、高職 □高中職以下
4. 職業：________
5. 聯絡地址：________

   聯絡電話：________ 手機：________
6. E-mail信箱：________

   □同意 □不同意 免費獲得寶瓶文化叢書訊息
7. 購買日期：____ 年 ____ 月 ____日
8. 您得知本書的管道：□報紙／雜誌 □電視／電台 □親友介紹 □逛書店 □網路 □傳單／海報 □廣告 □其他
9. 您在哪裡買到本書：□書店，店名________ □劃撥 □現場活動 □贈書

   □網路購書，網站名稱：________ □其他________
10. 對本書的建議：（請填代號 1. 滿意 2. 尚可 3. 再改進，請提供意見）

    內容：________

    封面：________

    編排：________

    其他：________

    綜合意見：________
11. 希望我們未來出版哪一類的書籍：________

讓文字與書寫的聲音大鳴大放

寶瓶文化事業股份有限公司

（請沿此虛線剪下）

廣 告 回 函
北區郵政管理局登記
證北台字15345號
免貼郵票

寶瓶文化事業股份有限公司收

110台北市信義區基隆路一段180號8樓

8F,180 KEELUNG RD.,SEC.1,

TAIPEI.(110)TAIWAN R.O.C.

（請沿虛線對折後寄回，或傳真至02-27495072。謝謝）